Realtor o NO Realtor

¿Para qué nos sirven las Experiencias vividas y las anécdotas?

Título original: **Realtor o No Realtor**
Primera edición: Octubre 2018

Tema: Vivencias y Anécdotas de un Realtor en el Mercado de Bienes Raíces en Puerto Rico

1 a. Impresión 2018
Impreso 1era edición on Amazon KDP E-books
Autora: Emma Isaura Sánchez Cárdenas
Diseño de Cubierta: Amazon KDP
Foto del Autor por autor
ISBN: 978-1-61887-8328

Advertencia

Esta publicación solo proporcionar experiencias del autor sobre el tema cubierto en ella. Se vende bajo el entendimiento de que el autor ni el editor no están comprometidos a rendir consejo legal, contable o profesional y está basado en experiencias y vivencias del autor únicamente. Si se requiere asistencia legal o de algún otro experto, se deben buscar los servicios de un profesional competente.

DEDICATORIA

A mis padres y mis hijos, Jesús E. Sánchez, Emma Angélica Cárdenas, Carlos Emilio y Emilio José, mi razón de luchar en la vida.

Emma Isaura Sánchez Cárdenas

INDICE

Agradecimiento

Quiero agradecer a mi editora, quien me brindó todo el apoyo y dedicación para poder realizar el sueño de escribir mis vivencias y experiencias durante la travesía de esta profesión tan grandiosa y divertida; también a la ayuda y orientación de mi distribuidor. Sin olvidar a aquellos que me apoyaron y los que han de leer mi libro. Agradezco a las personas que dejaron huellas buenas en mi vida, por tan maravillosas experiencias. Debo darle gracias a Dios porque un día las cruzó en mi camino, dejando una gran enseñanza que me sirvió de guía para escribir este libro. Sobre todo, reconozco a aquellos amigos, clientes y familiares que me apoyaron para que no dejara de compartir estas vivencias.

Prólogo

En este libro encontrarás experiencias y vivencias en el campo de bienes raíces, tanto positivas como negativas; lecciones aprendidas de la forma cruda, como dicen en la calle, en "arroz y habichuelas". Hablaré de experiencias de colegas que colaboraron para que conocieran sus anécdotas y sobre las mías, que no pueden quedarse afuera. Aquellas que a veces son frustrantes y te desaniman, pero también aquellas gratificantes la mayor parte del tiempo, las que te llenan de satisfacción propia. Muchas de las experiencias que relataré son vivencias personales, desde que comencé a dedicarme a este campo. ¿Cómo llegué a este campo? ¿Cómo enfrentar las oportunidades que se presentan de momento, sin buscarlas? ¿Qué tipo de persona llegas a conocer en esta profesión y cómo la llegas a conocer? ¿Con quién te relacionas? ¿Cómo te mantienes en tiempos difíciles? ¿Cómo ha sido este año de recesión económica mundial y los que vienen? ¿Qué debes hacer cuando pierdes oportunidades o las dejas pasar? ¿Cómo poder reconocer equivocaciones, decisiones mal tomadas, colegas oportunistas? ¿Cómo evitar la confianza por el "ay bendito" que nos caracteriza y tanto daño nos hace?

También hablaré de la toma de decisiones, las relaciones con colegas y la desconfianza. Tocaré los temas de las sociedades, las oportunidades en tiempo difíciles y la búsqueda de alternativas. Cito a un colega muy apreciado, quien gusta de usar este refrán, muy sensato para estos momentos: "En tiempo duros, los duros se tiran a la calle". Quien no decida tomar esta actitud se quedara atrás en la profesión.

Espero que este libro sea de gran ayuda para muchos y los llene de deseos para el segundo, que abundaré en mi especialidad, "Propiedades en Herencia". Actualmente en Puerto Rico tenemos miles de propiedades no reclamadas por herederos, que no han sido vendidas y algunas han sido abandonadas por no llegar a un acuerdo entre ellos o por falta de tener un profesional que los oriente y los asista. Al final de este libro mencionaré otras ediciones muy interesantes que saldrán al mercado basadas en "Servicio y Localización", dos aspectos importantísimos en esta profesión.

Ahora comencemos a disfrutar de las experiencias y anécdotas. Algunas de un gran amigo y colega que colaboro brindándome algunas de sus vivencias para poder incluirlas en este libro, algunas jocosas y, a la misma vez, espeluznantes. Qué estas sirvan de orientación para los colegas que actualmente continúan brindado el servicio de corredores de bienes raíces.

Si todavía te preguntas qué diferencia hay entre un "Realtor y un "NO Realtor", no desesperes, pronto lo sabrás.

“Tienes en tus manos una gran profesión para vender servicios y ser correctamente gratificado.”

Si consideran hacer una carrera en el mundo de bienes raíces, este libro debe estar en su lista de lectura para ayudar a aclarar sus pensamientos y poder tomar decisiones acertadas en el campo profesional y personal al comenzar en este mercado. En este libro menciono características necesarias para triunfar en esta profesión tan competitiva, a tiempo completo. Hablo sobre la importancia de mantenerse enfocado en las metas y propósitos para triunfar en tu propio negocio, sin que otros colegas te saquen de enfoque. No hay mayor satisfacción que vender servicios y ser debidamente gratificado, siempre y cuando esos servicios estén acompañados de profesionalismo, honestidad y lealtad a quien se le brinde. Tienen en sus manos una gran profesión para vender, siempre y cuando amen la profesión y a ustedes mismos. Esto les abrirá puerta tras puerta y serán muchas las gratificaciones que recibirán, no solamente monetarias, sino también la satisfacción propia de estar haciendo un trabajo correcto y honesto.

Al mismo tiempo, irán construyendo una cartera de clientes que usarán con el paso de los años, ofreciendo oportunidades de negocios que promoverán una venta más rápida, sin pasar mucho trabajo y sin gastar en publicidad por varios meses. Usualmente digo "lo que no se anuncia, no se vende", pero cuando se desarrolla y establece una lista de clientes esta será el ancla para el éxito. Junto a la lista de clientes debemos añadir la palabra SERVICIO, es importante que la profesión vaya de la mano de esta noción. Un buen servicio atrae clientes satisfechos y recomendaciones. Estos siempre recordarán el servicio brindado, aunque no se haya vendido la propiedad.

A través de un buen servicio podrán recibir muchos referidos, múltiples oportunidades, extensa cartera de clientes y buenas ventas. Sobre todo, establecerán confianza en sí mismos y en los demás.

Cómo comencé en Bienes Raíces

Luego de vivir veinte años en Florida, me vi obligada a regresar a Puerto Rico por razones familiares; de lo contrario estaría ejerciendo la profesión de bienes raíces en Miami.

Cuando me relocalicé pensé en abrir un negocio, luego de haber perdido mi trabajo en el campo bancario. Trabajé en la Banca Internacional vendiendo servicios durante 17 años. Me refiero a servicios porque mi trabajo era atender clientes de Sur América y hasta Puerto Rico.

Trabajando en la banca internacional adquirí la experiencia necesaria para brindar un servicio de excelencia a una clientela muy exclusiva y exigente. Luego de que el banco cerrara operaciones decidí dedicarme a abrir mi propio negocio. Después de tantos años trabajando para una empresa de 9am a 5pm, no quería volver a lo mismo. Rápidamente comencé a escribir cartas a compañías estadounidenses solicitando la representación internacional de productos comestibles como Goya, Chef Boyardee, Hormel, entre otras. Logré conseguir la distribución de estas líneas para el mercado internacional, lo que me permitió abrir un almacén de distribución para vender mis líneas a países extranjeros. Nuevamente volví al servicio con clientela suramericana. Así llegué hasta Grecia, Chile, Argentina, Perú y Uruguay.

Durante ese periodo decidí contactar ciertas agencias gubernamentales en Puerto Rico – Promo Expo, Departamento de Estado - para incluir la distribución de tabacos y café hechos en Puerto Rico. Rápidamente logré añadir la distribución exclusiva de los tabacos hechos en Puerto Rico para todos los Estados Unidos.

Comencé a abrir varias tiendas en centros comerciales en Miami y pequeños establecimientos en los pasillos, por espacio de cinco años. También, me había graduado como diseñadora de modas -sueño que siempre quise alcanzar desde pequeña-, pensé que esta era una oportunidad para abrir otro local relacionado a lo estudiado. -¿Por qué no?- Durante el curso de diseño de modas gané varios premios, uno de ellos (por mi portafolio) ofreciéndome la oportunidad de continuar estudios en Londres.

No pude realizar estos estudios ya que mi esposo en aquel momento no me permitió aprovechar esta oportunidad. Obtuve otro premio por pintar telas para niños. Empleé mi conocimiento en este campo para abrir una tienda de novias, en uno de los centros comerciales donde ya había establecido una tienda de tabacos. Trabajaba ambas con un socio. Estos establecimientos duraron por espacio de cinco años, hasta mudarme a Puerto Rico. Si se dan cuenta todos los negocios estaban relacionados a ofrecer un servicio.

Al mudarme a la islita quise comenzar otro negocio pero no sabía en qué. Ya estando radicada en Puerto Rico, me encontré con un viejo amigo, un hombre muy exitoso en los negocios, de edad avanzada y con mucha experiencia en el campo de bienes raíces y venta. Nos conocíamos desde que trabajaba en Miami en la banca. Nos habíamos hecho buenos amigos, aunque de esos que ves cada dos o tres años, si es que viajaba a Puerto Rico o él iba a Miami. Al comentarle mis planes en la isla se horrorizó e insistió en que la profesión que debía comenzar era bienes raíces y no establecer un negocio. Para él esta era la profesión idónea para comenzar nuevamente.

Evidentemente, al regresar a mi país después de tantos años, por obligación tenía que volver a comenzar.

No me veía como Realtor, pues siempre tuve el pensamiento de que era una profesión en la que debías esperar a conseguir un cliente, después de muchos esfuerzos, para poder vender una propiedad. No me gustaba la idea de andar buscando casas para la venta, ni que los vendedores me cerraran la puerta en la cara por no tener interés en la ayuda de un Realtor.

Después de 17 años de experiencia en la Banca Internacional en Miami, no se me ocurría otra cosa que no fuera buscar un trabajo similar, ya que no era prudente en el momento establecer otro negocio en Puerto Rico, pues requería una gran inversión de dinero con el que no contaba. Aunque no me gustaba la idea de volver a trabajar de 9am a 5pm. En fin, comencé a buscar trabajo en la banca y en otras posibles posiciones, con tal de evadir el famoso campo de las bienes raíces. Durante mi búsqueda siempre me tropezaba con la misma respuesta; "sobre cualificada". Ni siquiera con los años de experiencia, hablando dos idiomas y viniendo de los Estados Unidos -que se supone que abra puertas-. Me ofrecían una paga que no llegaba a la mitad de lo que ganaba en Miami, y por esta razón desistí de la búsqueda de trabajo en la banca.

Un día, cuando me encontraba confundida y frustrada sin saber qué hacer, decidí llamar a mi viejo amigo nuevamente, para buscar respuesta a mi confusión. Él era un buen mentor, como mencioné anteriormente; conocedor y visionario, alguien que podía ser una gran ayuda en ese momento de confusión; ¡y así lo fue! Me hizo entender que una carrera en bienes raíces era la puerta de entrada para una persona que tenía que establecerse nuevamente sin necesidad de una gran inversión. Esta era una profesión prometedora, si me dedicaba a trabajarla a tiempo completo; pero todavía no estaba muy convencida. Fue tanta la insistencia de este amigo para que tomara la decisión, pues no solo sería dueña de mi propio tiempo, sino que a la vez entraría en un campo muy extenso con muchas oportunidades.

Finalmente, decidí entrar a tomar el curso en una de las empresas más conocidas en el campo de bienes raíces, Coldwell Bankers. Aunque entrar en un campo totalmente nuevo me daba un miedo horrible e inseguridad el solo pensar que aquí el servicio seria ambulatorio. Me refiero ambulatorio porque sería yo quien estaría buscando los clientes y no vendrían solitos. Estos son momentos por los que todos pasamos en la vida cuando hay que comenzar de nuevo y renuente a los cambios por no saber que te encontrarás. Cuando terminé el curso de corredor de bienes raíces, me entrené y aproveché mi tiempo tomando todos los cursos ofrecidos y adquiriendo experiencia. Estuve nueve meses trabajando con aquella empresa de bienes raíces, aprendiendo como listar, como lidiar con los diferentes caracteres y clientes, estrategias de venta, como manejar un cierre, servicio y conocer cuál era el diario vivir de un corredor de bienes raíces que trabajaba a base de comisiones.

A pesar de todo lo que hice durante esos meses nunca vendí una sola propiedad. Esta vivencia no me afectó porque la experiencia que adquirí valió más que las comisiones que nunca recibí. No fue fácil tener que bregar con los Realtor "Top Producer" porque suelen ser egoístas, no quieren compartir sus conocimientos y, mucho menos, sus comisiones con una novata en la profesión. Tenía que salir a la calle a buscarles listados, o sea, me tocaba el trabajo sucio. Luego, hacían todo lo posible e indecible para no compartir la comisión, ya que salía de la que ellos devengaban de la venta, después de todos los gastos que le descontaba la empresa. Dentro de esta experiencia poco gratificante recuerdo que la gerente para ese entonces era una persona muy conocedora y me invitaba a cada curso que ofrecían para que adquiriera orientación y conocimientos. Fue una gran ayuda, pese a que no me gané ni un peso. Pero como todo en la vida, sin buscarlo me apareció una nueva oportunidad que más adelante les cuento.

Causalidades, No casualidades

Como les contaba, pasé todos esos meses sin ganarme ni un solo centavo, sin haber podido vender una sola propiedad, solamente adquiriendo experiencia en la calle y viendo como trabajaban los "Top Realtor" día a día; en medio de discusiones y peleas que surgían entre compañeros por ver quién generaba más ventas. Así disfrutaba del día a día en la oficina: una lucha por quien vendía más y quien tomaría al cliente primero cuando les tocaba atender llamadas en el cuadro.

Anteriormente, les había comentado, que desistí de la idea de abrir un negocio aquí en Puerto Rico, aunque había traído con mi mudanza el mobiliario completo para la apertura de una tienda de tabacos; lo que decidí venderlo todo y olvidarme. Un buen día recibí una llamada para hacer cita con una persona que supuestamente interesaba comprarme todo el inventario que había traído de Miami. Lo había anunciado en la famosa "Cámara que Vende". Una forma muy diferente de dedicarse a los bienes raíces, muy exitosa, diversificando la profesión a una etapa visual y atractiva.

Asistí a mi cita en un hotel conocido en el viejo San Juan, una oficina en el último piso, el "Penthouse", llena de obras de artes, placas de logros personales y reconocimientos de actividades sociales; mucha gente importante entrando y saliendo, y una secretaria muy atenta y profesional. Esta me recibió con una gran sonrisa, me pidió que esperara por la persona que me entrevistaría.

Para mi sorpresa, luego de esperar casi una hora, la persona finalmente salió a saludarme. Se me acerca este caballero de unos 68 años, alto, simpático, muy profesional, con una sonrisa amable y se disculpa por el tiempo que estuve esperándolo. Era un hombre de ojos azules como el color del mar, cabello con canas, bigote blanco y abundante. Después de presentarse, me pide que me sentara en una mesa larga que tenía en el área de recibidor, similar a las de conferencia, donde todo el que entraba podía escuchar y ver lo que estaba pasando. Muy cortésmente me menciona que no estaba interesado en la mercancía que vendía, sin embargo, me podía rentar un espacio en el vestíbulo del hotel para poner mi negocio. Yo quedé atónita, luego de haber esperado tanto tiempo me pareció ridículo lo que escuchaba.

Después de varios minutos de conversación y expresarle que no interesaba dedicarme al negocio, sino que estaba allí para venderlo. El hombre me miró detenida y seriamente y comento; -señorita no patrocino licor, ni cigarrillo- entonces me dije: -"metí las patas". En ese momento observé que todavía tenía puesto el "name tag" con mi nombre de la compañía de bienes raíces. Era costumbre tener esta identificación en todo momento ya que nunca se sabía cuándo podría conseguir una propiedad identificándome públicamente. Por lo tanto, llegue allí con mi etiqueta. El caballero se quedo observando mi reacción ante su respuesta cruel y cruda, pues mi rostro sufrió de un "galletazo" imaginario. Inmediatamente giró su mirada a mi letrero público de Realtor entonces me pregunto: -¿podría pasar el lunes a las 9am por mi oficina?-, no encontré mejor respuesta que: -"Sí, no hay problema".

Me quedé pensando en la situación: luego de tanto tiempo de espera, no vendí el equipo, pero me pidió que regresara sin saber para qué. Ese lunes me presenté a la hora pactada; recuerden que es importante cumplir con las citas a cabalidad y ser puntuales, eso deja mucho que decir de la clase de persona que eres, te respetarán y considerarán. Al llegar a la oficina, el señor, de modo muy cortés, me atendió nuevamente en la mesa grande fuera de la oficina. Esto me llamaba la atención, teniendo su oficina cerca por qué me atendía afuera, donde todo el mundo se podía enterar de que se trataba mi visita; sin embargo, no quise preguntarle sobre el asunto, de repente luciría fuera de lugar. En fin, comenzando la reunión y sin saber para qué era esta, el caballero llamó a su secretaria en alta voz con un sobrenombre que a mi parecer ya era costumbre por los años que llevaban trabajando juntos. Este le grito: -"negra"-, eran 42 años juntos, el tiempo que podría llevar un matrimonio de los tiempos de antes lo que se entendía ya conocían sus hábitos y existía una confianza.

La secretaria, muy profesionalmente y sabiendo de ante mano lo que el señor tramaba, trajo una serie de fotografías de propiedades, documentos, escrituras y papeles. Esta las desplazó sobre la mesa como cartas barajeadas. El señor sentado en aquella mesa enorme comenzó a presentarme fotos de propiedades que tenía por toda la isla, inclusive en Miami, Orlando y Tampa. Estaba sorprendida, pues no entendía lo que este señor quería de mí, pensé que deseaba vender todas esas propiedades. –¡Obvio!- Pero, ¿qué me ofrecería? ¿Cuáles serian sus intenciones? Su oferta fue rápida y concisa. Para mi sorpresa, él interesaba que le vendiera y manejara todas sus propiedades, pero con una condición: no podría representar la empresa para la cual yo trabajaba en esos momentos.

¡Colegas: Aquí es donde se presentan las "Causalidades y NO las Casualidades"! No existen casualidades. Si no hubiese intentado realizar la venta de mi equipo para la tienda de tabacos con mi etiqueta puesta, este señor no hubiese tomado la decisión de hacerme la oferta que me hizo. Solo de este modo él sabría que le podría ser útil para su propósito. -¡Cada causa tiene su efecto!-. Yo le dejé saber inadvertidamente que era vendedora de bienes raíces cuando fui a la reunión, abriéndome camino a una causalidad.

En el transcurso de la vida de cada persona está trazado lo que aspira, sorpresivamente llega, pero tú tienes que buscarlo, o crearlo. Para mí, este momento era un gran reto y una tremenda oportunidad. Quién diría que este señor me escogería para representarlo, siendo él corredor de bienes raíces desde inicio de la profesión con muchos años de experiencia. Cuando yo apenas llevaba unos meses buscando con hambre hacer una venta, nunca había hecho un cierre, ni siquiera entrado en una negociación con un cliente y él no sabía nada acerca de mí. Le pedí me diera unos días para pensar sobre su oferta y sobre la decisión que tomaría. Además de aceptar esta oferta, tendría que renunciar a la empresa de bienes raíces en la que trabajaba al momento.

Siempre he sido de tomar riesgos. Verdaderamente no tenía nada qué pensar, mi decisión ya estaba tomada, solo me di un poco de puesto para no responderle de inmediato. Era una oportunidad genial, grandiosa, me ayudaría a escalar más rápido en experiencia, oportunidades que no pude tener en la otra empresa. Podría volver a Miami, esta vez sí me ganaría mis buenas comisiones. Pues estaría trabajando como su corredora de bienes raíces exclusiva. Era un gran reto, una decisión importante a tomar que no dejaba de ser un riesgo.

Retos, Decisiones y Pasión

No hay situación más gratificante que la de atreverse a hacer algo aunque no tengas la experiencia. Lo importante es que te den la oportunidad y no la dejes pasar, "Las oportunidades son calvas". Aquí es donde viene el reto: tomar la decisión de dejar una empresa reconocida que te lo provee todo, para experimentar irte relativamente sola, sin ayuda de nadie, sin orientación, sin contratos, sin experiencia en ventas, y sin el menor conocimiento de cómo te irá. Así como muchos salimos a la calle luego de pasar el examen de corredor de bienes raíces, que no sabemos si vamos o venimos. Pero ese era mi sueño y me arriesgué.

Durante más de siete años trabajé para ese gran caballero de ojos azules, entre altas, bajas y regaños... ¡uff! muchos; pero en buena forma siempre, sin coraje, sutilmente, jocoso y siempre con una enseñanza. Era un hombre conocedor, sabio en sus palabras y consejos. Esos años fueron satisfactorios, llenos de muchas experiencias, alegrías y retos completados. Me di la oportunidad de aprender técnicas de ventas, conocer lo que sucede en la calle en el diario vivir de un Realtor, me vi envuelta en diferentes casos y situaciones de esas que, hasta que no pasas por ellas, no aprendes la lección. Tuve la oportunidad de trabajar con otros colegas de más experiencia, que te quieren pisotear porque te consideran inexperto en el campo de bienes raíces. En esos momentos estaba mi jefe a mi lado, apoyándome y educándome en el campo; bien dice el dicho "más sabe el diablo por viejo, que por diablo".

Este caballero nunca evitó darme una comisión, sin importar quien vendiera sus propiedades, siempre me tenían que pagar mi comisión en "co-broke", elemento que todas las negociaciones tenían. Cada negociación tenía que pasar por mí, independientemente del acuerdo a que se llegara. Raras veces firmaba contrato, el era muy arisco a comprometerse, le huía a las comisiones pactadas en los contratos. Porque él era quien decidía la comisión que él quisiese pagar. Eran muy esporádicas las veces que firmaba contrato exclusivo con un corredor. Diría que durante el tiempo que trabajé para él, el primer contrato que firmo con una compañía de bienes raíces reconocida en Puerto Rico para la venta de una propiedad o mansión que tenía en Caguas, y el último, y luego quiso zafarse. Me atrevería a decir que nunca quiso comprometerse. A mí me firmó un solo acuerdo, y ni uno más. El resto de las comisiones que gane por venderle sus propiedades fueron estrictamente verbales. Claro, es evidente que siendo un hombre de mucha experiencia, para convencerme que trabajara para él me firmo el primero y único contrato. Simplemente le daba la propiedad a todo el que venía, pero yo en el medio, "como el jamón del sándwich".

Se preguntarán, ¿para qué tener una persona intermediaria en medio de una transacción que estaba repartida en tantos Realtors? Muchos de nosotros somos muy recelosos con esos acuerdos o contratos exclusivos, pero deben tener en mente que muchas de esas personas con poder adquisitivo, dueños de muchas propiedades, figuras públicas que todo el mundo conoce, simplemente piensan diferente. Una vez que estas personas depositan su total confianza en una persona, aun sin tener mucha experiencia, reconocen el afán, el amor por lo que hacen y que dan la "milla extra"; esto lo aprecian y respetan.

También es importante la lealtad que usted demuestre y, sobre todo, la honestidad. Nunca haga nada fuera de lo correcto por ganarse una comisión, por llevar a cabo una venta, pues se estará engañando a sí mismo y se cerrarán puertas. Recuerde que todo siempre se sabe, como dice el refrán; "crea fama y acuéstate a dormir".

Mi trabajo y desempeño siempre ha sido lineal, por eso me gané, no solamente la oportunidad de trabajar directamente con él, sino el aprender de buenas y malas experiencias, adquirir conocimientos, la malicia necesaria para trabajar este mercado, el rodearme de personas importantes que me beneficiaron y buenas comisiones. Terminé administrando todas sus propiedades, ganando buen dinero en comisiones y en reparaciones. Hacía los arreglos necesarios para que las propiedades estuvieran en buenas condiciones para lograr una buena venta. Trabajé ocho propiedades en Puerto Rico y seis en la Florida. Viajé en varias ocasiones para ubicarlas y luego me encargaba de que fueran mercadeadas a través de otro corredor de bienes raíces en el área. Por supuesto que esa venta me generaba un pago por administración.

Es necesario aclarar que no todo era pan de azúcar, había que ser fuerte y firme en las decisiones cuando trabajas para alguien como él. Era un hombre exigente, muy astuto para los negocios y en ocasiones complicado para negociar con él. Siempre ponía el precio de la comisión, no había forma de negociar fácilmente con él, sin importar todos los esfuerzos y el tiempo invertido. Cuando no estaba de acuerdo con lo que él quería que hiciera daba mi opinión; nunca me quedaba callada y no dejaba que me convencieran de lo que entendía no era justo ni correcto. Créanme, él admiraba mi forma de ser: fuerte, atrevida, arriesgada. Siempre me decía: "Eres una fajona, brava y sé que llegarás lejos".

Recuerdo que en sus últimos años siempre me decía: -"Estoy bien orgulloso de ti, valió la pena haber confiado aquella vez que te ofrecí el trabajo. ¡No me equivoqué! No fueron en vano todos los consejos que te di, aprendiste bien la lección para el futuro." (Cito palabras textuales).

Ustedes se preguntarán: Luego de haber tomado la decisión de renunciar a la compañía en la que trabajaba para irme a trabajar con un nuevo jefe, ¿qué otra oportunidad me trajo el riesgo que tomé? Piensen, pudo no haber funcionado o pude no dar la talla según lo esperado; sin embargo, hay oportunidades en la vida en las que nuestro "yo interno" nos dice si funcionará o no. Algo así como el sexto sentido que muchas veces les achacan a las mujeres, pero que también es visto en hombres experimentados.

Mejor, llamémosle "intuición profesional". Esa que se va desarrollando según van pasando los años y las experiencias. Me dio la oportunidad de trabajar en lo que quería y sabía que lo lograría; mi jefe reconoció lo que buscaba basándose en su "intuición profesional". Siempre hago mi trabajo con pasión, debes poner amor al hacer lo que te gusta, de lo contrario, no lo hagas. Si acostumbras leer te darás cuenta de que muchos libros de negocios, transformación profesional o espiritual dicen lo mismo, "Hay que tener pasión cuando te desempeñes en algo, haz tu trabajo mejor y sentirás satisfacción personal. La pasión te encaminará hacia lo que quieras hacer, te abrirá puertas por tu labor y perseverancia, creará confianza en los demás y te ayudará a sentir una satisfacción personal y emocional difícil de explicar", -"Emoción que tienes que vivirla".

Luego de varios años de haber ganado mis buenas comisiones comencé a recibir muchos referidos y surgieron oportunidades para trabajar otros listados de propiedades en venta. Esto me abrió el camino a tener mi propia oficina como Realtor independiente; todos sabemos que es un riesgo porque todo lo tienes que hacer tu solito. Intentaba lo que casi todos nosotros deseamos y muchas veces no podemos lograr. Organicé mis ideas mientras continuaba trabajando para el Sr. Ordoñez. Aprovechando su experiencia y sabios consejos abrí mi oficina en el área de Santurce, cerca de sus oficinas, de manera que no interfiriera con mis obligaciones para con él. Comencé a trabajar esas nuevas oportunidades que se me presentaron al mismo tiempo que me encargaba de las últimas dos propiedades disponibles del Sr. Ordoñez.

Ya era totalmente independiente, dedicaba mayor tiempo a mis contratos por la pasión a mi profesión y porque las propiedades que quedaban pendientes de vender del Sr. Ordoñez, eran fincas que usualmente toman más tiempo en vender que una propiedad residencial o comercial. Por lo tanto contaba con más tiempo disponible para mis clientes. En este momento aprendí que las oportunidades no solo ofrecen retos, sino que también traen riesgos y muchas decisiones que tomar. No quise cerrarme el camino a la oportunidad de aprender y especializarme en la profesión por mí misma.

Todos creemos que el abrir una oficina como Realtor independiente es fácil, en realidad no es así. Hay que pensar en cómo cubrir tantos gastos operacionales: alquiler, utilidades, mobiliario, teléfono, publicidad, mercadeo, letreros, equipo de oficina y los errores que se cometen que siempre cuestan dinero. En muchas ocasiones me las vi negras a pesar de recibir buenas comisiones. No es lo mismo tener tu oficina desde la casa. Aprendí a la mala cuando decidí irme por mí cuenta, pero fue mi mejor decisión.

Según fueron pasando los años fui creciendo como persona y como profesional, aprendí de cada experiencia y cada desilusión que encontraba en el camino, en los negocios, con los colegas y con los clientes. De esto hablaré más adelante, en el capítulo que está dirigido al tema. Allí narraré varias experiencias que, estoy segura, muchos de ustedes han vivido.

Cuando decidí mudar mi oficina al área de Bayamón, conseguí un local pequeño que mantuve por cinco años, con una renta de $450.00 mensuales, frente a una carretera bastante transitada. No era la mejor ubicación, pero durante los años que tuve la dicha de mantener esa ubicación hice muchos negocios, viví buenas experiencias, así como momentos de desilusión. Obtuve lo que quería: tener mi propia oficina como Realtor independiente, un lugar profesional donde recibir mis clientes, tener un lugar donde podía salir de la casa todos los días para laborar, pero fue mi segundo riesgo.

No crean que la oficina ya no exista. Simplemente, que cuando se fue acercando la crisis económica mundial del 2007, tomé la decisión de cerrarla. Evidentemente, esta fue otra decisión difícil que tomar. Vienen tantos pensamientos a la mente, entre ellos, el "qué dirán los demás", sentimientos de fracaso o alguna reacción negativa de la gente. Tomé la decisión correcta para el momento que estábamos viviendo, especialmente en el campo de bienes raíces, que pronto comenzó a afectarse. Quizás, si no hubiese tomado la decisión de cerrarla por prestar atención a lo que pensaban los demás, hoy día estaría envuelta en grandes problemas financieros y botando las comisiones, que recibía con menos frecuencia, en gastos operacionales.

Viví un momento de pleno desafío: debía atreverme a tomar una decisión necesaria. Tuve que luchar con el orgullo propio que, muchas veces, no nos permite ver claramente la realidad, ir en contra de la corriente, porque casi nunca otras personas tienen pensamientos positivos sobre tus decisiones. No me gustaba quedar mal, ni abusar de las personas que durante tanto tiempo fueron tan gentiles y consideradas, pero, si las ventas reducían, me tenía que adaptar a cortar gastos. Aquí viene nuevamente el reto, tenía que tomar una decisión. Cuando las cosas se aprietan el desafío te obliga a tomar la mejor decisión y, en ese momento, fue cerrar la oficina.

Desde muy jovencita aprendí a tomar mis propias decisiones; atravesé retos de los que nunca me he arrepentido. Desde los 14 años comencé a trabajar en ventas. Aún recuerdo cuando un caballero que trabajaba como jefe de seguridad en Sears, me ofreció trabajo en la tienda, pero no tenía la edad, requería de un permiso para poder trabajar. Me orientaron que debía ir al Departamento del Trabajo para solicitar permiso. El desafío al que me enfrentaba me hizo buscar la solución y sacar permiso para tomar el empleo. Obviamente llegue al Departamento del Trabajo con el permiso de mis padres. Un reto a temprana edad. Comencé en el área de recibo, vaciando los camiones en el almacén, hacía mi trabajo con tanto amor que a los pocos meses me pusieron en el piso de ventas y, poco a poco, terminé trabajando en todos los departamentos, adquiriendo experiencia. No bien había recorrido toda la tienda, cuando me ofrecieron un puesto en las oficinas ejecutivas en el Departamento de Control de Ventas e Inventario. Este fue otro reto, pues aun no había terminado mis estudios universitarios, pero lo acepté. Me sirvió de práctica, ya que estudiaba administración de empresas.

Fueron siete años que laboré en Sears y al terminar la universidad solicité transferirme a los Estados Unidos buscando nuevos horizontes, retos y desafíos. Quería aprender el inglés, aunque tenía una buena base del idioma me hacía falta practicarlo. Me dieron el traslado a Miami, allí comencé a trabajar rápidamente en la tienda del centro de la ciudad, donde estuve por varios años más.

Aunque ya les había mencionado, luego de esta experiencia decidí tomar una decisión importante basada en un anhelo de mucho tiempo. Decidí cursar estudios en diseño de modas, ya que desde pequeña me gustaba el dibujo. Mi padre dibujaba precioso, era un artista innato.

La idea surgió cuando vi en una revista un pequeño anuncio sobre estas clases; logré obtener una beca y me fui a estudiar diseño de modas y modelaje. Logré graduarme, al mismo tiempo que trabajaba de noche. El diseño de modas siempre estuvo en mi mente, desde pequeña diseñaba vestidos y pintaba paisajes como mi padre, quién tenía un don especial pintando paisajes y caras, quizás lo heredé.

Finalmente había logrado mis metas hasta el momento, trabajar en un lugar donde aprendería el segundo idioma y estudiar lo que quería.

Comprendo que estas experiencias no tienen nada que ver con la profesión de bienes raíces, pero tiene mucho que ver con la aceptación de retos que cada ser humano enfrenta en el transcurso de su vida, por tal razón lo traigo a colación. No dejes de intentar llevar a cabo tus sueños y, durante el transcurso, aprende, adquiere experiencia, haz todo correctamente, así verás como tus caminos se amplían. Caminarás por un sendero lleno de oportunidades. No importan los tropiezos, fracasos, errores, malas decisiones, desengaños: lograrás llegar a donde deseas.

Cuando tomamos Decisiones

Cuando queremos tomar decisiones es preciso escuchar nuestra voz interior, y pensar positivamente. En muchas ocasiones escuchamos las opiniones de los demás, pero usualmente ya tenemos en nuestra mente la respuesta apropiada. Al tomar decisiones nos podemos equivocar y muchas veces nos culpamos de lo sucedido sin pensar que todo error nos sirve de experiencia. Por eso acostumbro tener un mentor, de carácter personal como profesional, esto me ayuda a tomar mejores decisiones, más certeras, minimizando los errores.

Es imprescindible buscar ayuda de una persona de confianza que nos oriente. Nunca me he arrepentido de haber tomado ninguna decisión, por adversa que fuese, ni de haber escogido las oportunidades que he vivido en el transcurso de mi vida. No importa que nos equivoquemos y tomemos una mala decisión, de ella aprenderemos tanto como aprendemos de aquellas personas que nos permiten tomar las decisiones, aunque sean incorrectas.

El Sr. Ordoñez no solo fue mi jefe, fue mi amigo, como mi padre y un excelente mentor. Siempre escuché con detenimiento sus consejos, que en ocasiones tenían la malicia que todavía yo no tenía. Cuando mudé la oficina para Bayamón, tenía un colega que varias veces me había planteado la visión de abrir otra oficina en Puerto Nuevo. Esta sería establecida en un edificio donde él tenía ya una oficina de bienes raíces independiente, sin embargo era más bien una oficina dedicada a otros negocios no relacionados a bienes raíces. Literalmente, nunca ejerció la profesión como tal. Él entendía que comprar y vender una propiedad para su propio uso era suficiente para considerarse experto en la materia. Lo que realmente buscaba era asociarse conmigo para adquirir mis conocimientos y que compartiéramos todas las comisiones de lo que yo vendiera. Estaba un poco reacia a su propuesta, pues había algo que no me gustaba detrás de sus palabras, pero era tan convincente que; "tanto estuvo la gota dándole a la piedra, hasta que le hizo un hoyo". Créanme, no hay Harvard que valga, la experiencia que en momentos como este se obtiene, equivale a graduarte de esa reconocida universidad, no hay otra como; "la universidad de la vida", esta siempre será tu segunda mentora.

Me convenció, abrí la segunda oficina donde él tenía la suya, dejándolo a él encargado. Mudé equipo, mobiliario y dupliqué todos los documentos que utilizábamos en la oficina: contratos legales, formatos, formas; hasta gasté en un segundo letrero. Cuando decidimos inaugurar la oficina, para que otros colegas supieran e hiciéramos negocios juntos con nuestra cartera propiedades o sea "Co-broke". Invite al Sr. Ordoñez, para que viera mi progreso, ya que el siempre se sentía orgulloso de todo lo que lograba por mis esfuerzos. El Sr. Ordoñez, ya conocía a mi nuevo socio de hace mucho tiempo por una organización conocida en la que trabajaron juntos. Inmediatamente aprovechó el momento para darme su opinión. Mientras todos los invitados disfrutaban de la actividad aproveche a llevarlo a ver las instalaciones.

Prontamente note que mi antiguo jefe no compartía mi entusiasmo, por lo que me detuvo para decirme: "Nena, todo se ve bien, pero te recomiendo que, de vez en cuando y sin avisarle a nadie, te des la vuelta por aquí para que eches el ojo."

Esta observación me tomó por sorpresa y dudé de mi decisión. Luego me enteré de que él conocía bien a este colega y sabia cosas que yo no conocía, sin embargo, su prudencia era mucha, sin divulgar lo que no debía, y me dio una buena advertencia. Pasados los meses obtuve mi primer contrato de administración en un proyecto nuevo. Todo fue caminando bien, pero existía el compromiso de "Co-broke" por el cual él cobraría el 50% de todos los proyectos, ventas, alquileres y otros, que yo obtuviera. Este caballero supo aprovechar mi experiencia, cosa que él no poseía. La mayor parte del tiempo era yo quien traía los listados. Durante esos meses él realizo una sola venta, la de un apartamento del lugar donde vivía, o sea, obtuvo el listado porque era de un amigo del condominio. Para ese cierre surgieron miles de problemas, empezando con el contrato que utilizó, no tenía experiencia haciendo un cierre, quería otorgar concesiones que no eran prudentes, ni correctas. Comenzó por cambiar los contratos a su manera, sin consultarme. Finalmente, tuve que intervenir para lograr resolver la situación y cobrar la primera comisión que tenía que ser compartida.

Paulatinamente reconocí el modo en el que se encargaba de la oficina, casi no venía gente y se dedicaba a cambiar mis contratos ya revisados por un abogado. Estos contratos estaban basados en los que utilizaban en mi antiguo empleo, empresa de la cual me gradué como vendedora de bienes raíces, que me sirvieron de guía segura.

Ya llevaba unos cuatro años trabajando como Realtor y tenía bastante experiencia. Los contratos que utilizaba estaban debidamente revisados, siguiendo el estilo utilizado en nuestra profesión, con las cláusulas e incisos legales necesarios para cubrirme en caso de demandas. Mi nuevo colega no solo cambió el contenido de los contratos, sino también mi logo. Antes de esto, por dos años consecutivos, solía hacer unas pequeñas convenciones que le llamaba Promo Expo. Estas las ofrecía en el Hotel Normandie, con la ayuda del Sr. Ordoñez, donde colegas independientes venían a exponer y ofrecer su cartera de propiedades a inversionistas, compradores y desarrolladores. En estas actividades comenzaron los problemas, pero menos notables. Como verán las decisiones tomadas antes y después de los sucesos deben ser precisas cuando notas que no te va a ir bien. "Para muestra un botón". Estaba tan disgustada que comencé a poner en práctica lo que el Sr. Ordoñez, me había recomendado. Luego logré mi primer "Contrato Exclusivo" de venta de un proyecto nuevo que anteriormente les había mencionado. Tuve que firmar contrato de "Co-aroke" 50/50, con él colega, ya que él era amigo íntimo del desarrollador y por el acuerdo de dividirnos los negocios adquiridos durante el tiempo que hiciéramos negocios juntos. Fue entonces cuando comenzó a tomar decisiones por su lado como si a él le hubiesen dado el "contrato exclusivo". Era obvio, que el desarrollador conocía que éste no tenía la experiencia pero vio en mí el esfuerzo de obtener el contrato y con algo de conocimiento. Pero la inexperiencia en la comisión a cobrar pues fue la más barata para el desarrollador.

Pasado los meses, este colega citaba a los clientes a su oficina sin comentármelo; comenzó a aceptar opciones sin ni siquiera estar autorizadas por el desarrollador, ni DACO; tomaba depósitos sin autorización y sin mi conocimiento usando formatos que él había cambiado o preparado sin mostrármelos; opcionaba las mejores unidades a sus amistades; puso una opción para un PH sin poder cualificar basado en las comisiones que el recibiría al momento de la venta de las unidades; continuó haciendo negocios a mi espalda sin incluirme. Poco a poco me fui enterando de la situación porque los clientes llamaban a mi oficina pidiendo dirección de cómo llegar a su oficina ya que el teléfono principal que había en el letrero era el mío, entonces me llamaban a mí en vez de a él. Fue de este modo que me fui enterando de sus malas acciones.

Estos mismos actos llamaron la atención del desarrollador, fue allí cuando comenzaron los problemas. Para evitarme más complicaciones, tomé la decisión de remover el letrero sin notificarle y que se terminara la absurda idea de tener una segunda oficina. A la misma vez comencé a llevar el trabajo directamente desde mi oficina en Bayamón, reuniones con el desarrollador y posibles prospectos de venta. Para ese entonces el colega se vio obligado a venir a mi oficina y dejar la dinámica de estar haciendo las cosas por detrás de mis espaldas.

Ya no tenía la segunda oficina, pero no podía darme el lujo de que me quitaran el contrato que tanto trabajo me costó obtener. Buscando orientación y guía decidí comunicarle inmediatamente al Sr. Ordoñez lo sucedido y este me dio la razón por la decisión tomada, quizás un poco tarde, pero aún a tiempo.

Hoy día le debo mucho a mi mentor, el Sr. Ordoñez, por los conocimientos adquiridos durante los años que trabaje para él. Si hablo tanto de él en mi texto es porque he aprendido a ser agradecida con las personas que me han ayudado a lo largo de mi vida. Tuve la oportunidad de tener un mentor que confió en mí y me ayudó cuando no tenía la menor idea de cómo debía trabajar en el campo de bienes raíces. Tome la decisión de compartir con ustedes mis experiencias, vivencias y anécdotas, como un día mi mentor hizo conmigo. Aquellos que lean mi libro podrán identificarse con mis experiencias y aprender de ellas para que no cometan los mismos errores.

Consejos al abrir Tu Propia Oficina

Cuando logramos pasar el famoso examen de bienes raíces, la mayoría de nosotros lo que queremos es graduarnos de corredores de bienes raíces, en vez de vendedores. Lo primero que tenemos en mente es abrir nuestra propia oficina, comenzar a vender como locos y a ganar dinero. Eso es lo que nos dicen en las clases, que podemos ganar mucho, pero mucho dinero. Imagínate, qué divino. Entonces, al terminar el curso soñamos con independizarnos, no queremos trabajar para nadie y mucho menos, tener que compartir las comisiones con otra persona, después de tanto trabajo y tiempo que nos toma lograr una venta.

Con esta idea en mente, no pensamos en lo que nos espera en realidad. Personas como yo tendrán expectativas y sueños en grande. Otras personas no tienen las mismas aspiraciones, o todo lo que ocurra a su alrededor le da igual porque son conformistas. Sin importar de qué grupo consideres ser, afrontarás los mismos problemas. No importa que seas vendedor o corredor, a tiempo completo o parcial, tendrás que pasar por lo que yo pasé. Según mi experiencia cuando trabajé para una empresa de bienes raíces, sugiero que sigan estos pasos que les brindo antes de tomar la decisión de abrir su propia oficina, sino abran la misma como corredor independiente como yo hice y no como empresa que requiere otros permisos y licencias.

Primero - Al contratar corredores independientes para que trabajen en equipo, se darán cuenta de que algunos trabajan para sí mismos, aun estando bajo tu sombrilla. Siendo la profesión de bienes raíces un trabajo a tiempo completo, no un segundo trabajo, -ya que es lo que exigen las empresas en este negocio-. El asociado debe demostrar que verdaderamente desea trabajar en tu oficina o empresa. Debe tener el compromiso, la responsabilidad y la lealtad para contigo como colega o para la empresa que trabaje como asociado. Cada uno debe entender cuáles son sus aspiraciones, conocer el sector de bienes raíces (ventas, listados, conocimientos legales), saber tomar decisiones para resolver situaciones, y ver el compromiso como una carrera profesional de negocio donde todos van a ganar por igual.

Segundo - Deben velar por sus intereses y los de la clientela. Esto me hace pensar en el refrán: "El cabro velando por su lechuga". Esta profesión requiere muchas horas de trabajo, esfuerzos, sacrificios y disponibilidad, reconociendo siempre que el cliente es primero. Debes estar dispuesto a horarios flexibles y ser persistente, para que la dedicación compense las ganancias. Un cliente no espera, quiere ver propiedades con prontitud sin esperar excusas a cambio. ¡Bienes Raíces es Ahora! Esto debe estar bien claro entre los que laboren contigo o para una empresa de bienes raíces, de lo contrario, perderás clientes.

Tercero – La actitud de un corredor o asociado es importante. No necesitamos asociados o colegas que deseen estar sentados en la oficina tomando aire acondicionado, o esperando que suene el teléfono o que entre alguien a la oficina solicitando el servicio. No necesitamos a una persona con actitud hostil o se le recuerde que el negocio está en la calle y no en la oficina. Por eso una actitud buena y positiva es indispensable. El negocio de bienes raíces se hace en el campo de batalla, "en la calle", son pocos los que llegan a la oficina. En todo momento es primordial que el colega o asociado demuestre una actitud positiva que atraiga ventas y ganancias. Debes saber a quién eliges como colegas o asociados.

Cuarto - Deben conocer el mercado y qué está a la venta. Es importante poder relacionarse con la cartera de propiedades disponibles, sus precios y ubicaciones, para poder ofrecerlas a los posibles prospectos o clientes. Es fantástico para una empresa o grupo de colegas saber que sus asociados están bien orientados y con ansias de aprender, esto trae el éxito para todos. Velar por mantener la buena reputación y el buen nombre de tu empresa va con la preparación de tus asociados y el futuro de la misma. Es buena práctica participar en seminarios constantemente, aunque es requisito.

Quinto - Hay que poner atención en la habilidad de expresión de los asociados o colegas. Deben poder expresarse a través de una conversación con sentido, que sea cortes e informativa al cliente. Deben manejar al arte del convencimiento sin poner presión al cliente. Es necesario ofrecer seminarios relacionados al tema para aprender un lenguaje especial y cómo manejar diferentes culturas y caracteres. Es una inversión por parte de la empresa que será remunerada en el futuro.

Sexto – Recuerden contratar asociados o colegas para el tipo de negocio que manejan. Si el negocio está relacionado a las bienes raíces, evidentemente, todos deben ser corredores de bienes raíces licenciados. No pueden tener una persona que no ha estudiado la profesión.

Séptimo – Se deben buscar colegas o asociados que respondan positivamente al reconocimiento por su trabajo y esfuerzos en ventas. No deben tener lástima al separar aquellos colegas o asociados que se destaquen por ser vendedores excelentes y gratificarlos con negocios desafiantes, a cambio de un buen porciento de comisión.

Por eso es una excelente idea que las comisiones sean variadas o escalonadas según el total de ventas que le generen a la compañía para la cual trabajan. Esto es en el caso exclusivamente cuando se trabaje para una empresa. Pues esa gratificación en aumento de porciento en comisiones anima y obliga a los otros asociados a que superen los esfuerzos de ventas. ¿A quién no le gustaría hacer un cierre donde pueda recibir

$50,000 en comisión, a diferencia de una comisión mínima de $5,000?

Deben considerar gratificar a sus colegas o asociados con seminarios gratuitos, oportunidades de seminarios fuera del país, orientaciones para tomar diversos cursos sobre certificaciones y designaciones tales como: GRI, ABR, ALC, CIPS, CPM, CRB, CRS, CRE, GAA, GREEN, PMN, RCE, RAA, SRS, SIOR, SRES, BPOR, EPRO, MRP, RSPS, SFR, CCIM, y QSC. También, se pueden preparar actividades anuales con entrega de premiaciones por esfuerzo y dedicación.

Octavo - Recuerden mantener el colega o asociado que es bueno en ventas fuera de lo administrativo. No se debe desviar o desenfocar el interés del que es bueno en obtener listados o dedicado a buscar los compradores. Cada cual tiene su campo de experiencia y conocimiento. Mantener un colega o asociado frente a la clientela te traerá mejores beneficios, es quien abrirá puertas y dará a conocer los servicios que ofreces.

Noveno – Un colega o asociado competente y bien entrenado debe ser hábil en manejar retos y situaciones por sí solo. Lo más irritante y sin sentido es cuando un colega o asociado, en medio de una transacción, interrumpe para responder una pregunta con: -"déjeme hablar con mi colega o gerente"-. Debemos confiar en el libre albedrío de los colegas o asociados, sin la presión constante de no saber o poder tomar decisiones propias; el colega o asociado debe utilizar sus conocimientos y criterio para tomar una decisión apta para el bien común. Esto los hace sentirse más seguro de su desempeño, lo que redunda en el beneficio de la empresa o del grupo de colegas. Ahora bien, las decisiones tomadas deben ser siempre comunicadas al final de la negociación.

Décimo – Es necesario tener confianza en sí mismo y actuar con seguridad. Esta profesión está basada en relaciones públicas; hay que ser "presentao". Por ejemplo, si tienes la oportunidad de conocer un alto ejecutivo o dueño de negocios y tienen propiedades que le puedan interesar, creen un ambiente donde puedan conversar y mencionar las propiedades disponibles sin miedo al rechazo. Nosotros, los vendedores de bienes raíces, debemos estar preparados para esos rechazos y no deben afectarnos. Hay que aprender a bañarse en quimbombó para que te resbale que a veces te digan que no. Eso lo supera la confianza en sí mismo.

Estas diez sugerencias las hago para lograr que mantengas tu equipo de colegas o empresa viva y exitosa. Muchos sueñan con independizarse tan pronto reciben su diploma de corredores de bienes raíces, pensando: "Yo no voy a trabajar para ninguna compañía", "No tengo que compartir mi comisión", "No tengo que buscar listados para otros y cobrar una miseria". Muchos hemos pensamos así en algún momento, sin pensar en la falta de experiencia o buscar la orientación de un mentor que nos sirva de guía al principio. Pensar en independizarse no es el problema. El problema radica en no aceptar ayuda, ni consejos al momento de embarcarse en una decisión de tal magnitud; este es otro punto para diferenciar a un "Realtor de un No Realtor". ¡La falta de orientación!

Al abrir tu propia oficina debes tener en mente:

- Tener quien nos aconseje (mentor o persona de confianza)
- Hacer un plan de trabajo (ya elaborado)
- Tener los conocimientos de cómo hacer las cosas (bien orientado)
- Saber escoger los colegas para trabajar en grupo.
- Estar preparado para lo que enfrentarás (gastos y responsabilidades)
- Tener experiencia en administración (conocimientos)

- Conocer profundamente el campo en que entras (Bienes Raíces)
- Tener capital para momentos lentos (ahorros o préstamo)
- Saber cómo trabajar con colegas (tolerancia)
- Conocer el mercado o clientela (orientación de mercado)
- Conocer la "Ley Dorada" o Ley de Ética (Al final del libro incluyo descripción de la ley)

Colegas, esto conlleva mucho esfuerzo, sacrificio y desarrollar otro par de ojos. Verán lo que nunca en la vida han visto. Pasarán por las experiencias más absurdas y extrañas, que luego contarán, disgustos, sinsabores, desilusiones con tus colegas o empleados, clientes, amistades, experiencias que no olvidarán. Lo más importante de estas vivencias es que, al aprender de ellas, nos graduamos como conocedores del campo de las bienes raíces y sabremos de quiénes rodearnos.

El primer contratiempo encontrado al tratar de abrir mi primera oficina estuvo relacionado al alquiler del espacio en el área de Santurce. La oficina era hermosa, grande y céntrica. El pago mensual era de $600; al menos cuando llené el contrato. Durante el proceso de mudanza me llama el arrendador para informarme que, por gastos adicionales de mantenimiento, legales y administrativos, la renta me subiría a $850.00, sin incluir agua ni luz. Un cambio sorpresivo.

Casi me da un ataque al corazón en ese momento, estaba comenzando y debía pagar un precio módico por el alquiler. Obviamente, la señora con quien hice negocios no fue honesta, pensó que yo no reaccionaria o que no encontraría otro espacio. Inmediatamente comencé a buscar otro lugar en el área. Milagrosamente la encontré al cruzar la calle. Había un pequeño negocio de arreglos de prendas y se me ocurrió ir a preguntarle al señor que lo atendía. Para mi sorpresa, el señor me indicó que él tenía una oficinita pequeña disponible en ese edificio. La oficina estaba equipada e incluía la luz. Me dio tanta alegría que le pregunté en cuánto la estaba alquilando. Cuando escuché que el pago sería de $450 -mucho más bajo que lo negociado anteriormente - pensé que era un milagro de Dios, que me llevó a allí. Le comenté lo que me había sucedido en el edificio del frente y él me indico que la señora solía hacer ese tipo de cambios inesperados.

Sin pensarlo mucho le informé a la señora que no podía pagar esa renta y que me iba. No tenía ni para la mudanza, además, ambas oficinas quedaban tan cerca la una de la otra que pasé la mudanza con la ayuda de un amigo, a pie por toda la acera hasta el otro edificio. La pobre copiadora no llegó desmantelada porque Dios es grande. Esa experiencia fue genial, aunque tuve que llevarme parte de los muebles para mi casa porque la oficina era una caja de fósforos y no cabía todo lo que había comprado. ¡Qué odisea! Claro por la inexperiencia y la falta de escuchar, compré los muebles antes de tener la oficina. Finalmente, después de todos los malos ratos logré abrir la oficina. Allí labore por espacio de un año, hasta que me mudé a Bayamón.

Luego que uno se acomoda y felizmente se dedica al trabajo de bienes raíces, vienen otros problemas adicionales. Entre ellos la instalación de la línea telefónica, cargos especiales por ser una oficina en un edificio comercial, en adición el pago diario por un estacionamiento privado. No podía hacer nada para evitar estas situaciones, ya que la ubicación de la oficina tenía el propósito de estar cerca de las oficinas del Sr. Ordoñez, para poder manejar las últimas propiedades que quedaban disponibles para la venta que estaban cerca del área. Durante todo el tiempo que tuve la oficina no entro nadie, "ni las moscas", solo el dueño a cobrar. Nunca entró un cliente, todos los negocios se hacían fuera de la oficina.

Pagaba alquiler, agua, teléfono, promoción, estacionamiento y gastaba gasolina porque venía de Bayamón a Santurce todos los días. Estos gastos resultaron ser innecesarios, por la obsesión de tener una oficina -"como a muchos nos ha pasado"-. Hasta que me percaté de que nuestro negocio está en la calle y no necesariamente en una oficina.

La vida está llena de sorpresas, pero los problemas que enfrentamos no nos deben hacer perder la concentración para lograr nuestras metas y aspiraciones profesionales. Cuando se pierde la concentración en lo que uno desea, el coraje y el miedo nos pueden llevar a cometer equivocaciones, a no tomar las decisiones correctas. Para lograr el éxito en un negocio propio es necesario luchar por la supervivencia, superando retos y tomando decisiones apropiadas. Se debe evitar sentirse molesto por mucho tiempo, es necesario tener una actitud positiva para analizar bien los negocios y poder tomar mejores decisiones en cada problema.

Es importante resolver los problemas en el momento, sin permitir que tomen mucho tiempo convirtiéndose en problemas intolerables. Es nuestro deber rodearnos de personas enfocadas, honestas, que compartan nuestra línea de pensamientos, quien no sea de este modo debe ser eliminado del equipo de trabajo. Al tratar con clientes, colegas o empleados debemos ser tolerantes y flexibles, pero no tan flexibles que se pierda el respeto o tus expectativas de lo que deseas.

Colegas "buenos" y Colegas "malos"

En este capítulo voy a mencionar varias vivencias que quizás debí omitir, pero creo que muchos de ustedes se podrán identificar conmigo porque han pasado por experiencias similares.

Cuando trabajas con colegas corredores independientes debes tener en cuenta que muy pocos saben trabajar. Son pocas las personas que pueden trabajar en equipo, compartiendo beneficios, sin egoísmo o envidias. Por esta razón, en las empresas estadounidenses se les ofrece a los empleados una serie de seminarios preparatorios antes de comenzar y orientaciones sobre las reglas de la empresa y sobre ética profesional. Como cuando mencione que todos cuando terminamos el curso de bienes raíces es tanta la ansiedad de querer comenzar a vender y a ganar comisiones, así cuando: - "la curiosidad mato el gato"-. No tenemos idea de lo que nos encontraremos allá fuera.

También queremos buscar de inmediato colegas o asociados para trabajar juntos, sin pensar en lo bueno y lo malo que traerá consigo este nuevo colega. Es necesario saber escoger a ese nuevo colega. No es fácil reconocer un colega bueno, de un colega malo de inmediato. O sea, un REALTOR de un No Realtor. Cuando decidí escribir este libro quise ponerle un título que indicase de alguna manera parte de las importantes enseñanzas adquiridas por medio de mis vivencias, es así como nace el tema que hoy conocen.

El colega bueno es aquel que se dedica a hacer lo que entiende que ayudará a la empresa, sabe trabajar en equipo, es honesto, recto en su trabajo, dedicado y, sobre todo, agradecido y leal. Por mi oficina pasaron varios colegas, unos buenos y muchos malos. Comencé sola en una oficina vacía de 450 p/c, por el empeño de mostrarles a mis clientes que mi trabajo era serio y organizado. Al tiempo llegó una joven de unos 21 años de edad, sin experiencia, pero con grandes deseos de trabajar. Le di la oportunidad de ayudarme porque necesitaba una persona que atendiera el teléfono y papeleo, ya saben formatos, contratos, etc. La adiestré para que contestara el teléfono en la forma correcta, atendiera clientes y la orienté sobre la forma correcta de vestir en la oficina. Esta parte me dio bastante trabajo, pues la vestimenta de ella no era exactamente para un lugar donde vienen tantas personas acompañadas de sus respectivas parejas.

Durante el corto tiempo que trabajó conmigo me consta que aprendió bastante de ventas y trabajo de oficina, pero no pudo reconocer la importancia de vestir correctamente ni la responsabilidad que conllevaba tener un trabajo. A veces llegaba a tiempo, otras veces no tenía la más remota idea de a qué hora llegaría, pero como estaba comenzando mi negocio no me quedaba otra que tolerar ese comportamiento. Aguanté hasta que me di cuenta de que estaba perjudicando la imagen del negocio que quería levantar, por lo que decidí prescindir de sus servicios.

Me quedó la satisfacción de haberle enseñado todo lo más que pude, aunque no lo supo aprovechar. Perdió la oportunidad de crecer y mejorar. Este un ejemplo de un colega bueno pero con inexperiencia, sin madures y sin la debida preparación académica y conocimientos para desempeñar un trabajo responsablemente. Lo que la hace un Colega Bueno era el interés de aprender, sin embargo no tenía ambiciones. Mi error fue tratar de aceptar como ayuda una persona que no tenía la preparación, ni conocía el mercado de bienes raíces, sin embargo, logré tomar la decisión correcta en el momento preciso para no perjudicarme. Aún le recuerdo con mucho cariño porque durante el poco tiempo en que cumplió con sus obligaciones hizo buen trabajo, fue muy honesta y leal. Siendo la lealtad su mayor atributo.

Un día llega a la oficina una señora mayor que yo, supuestamente, era conocedora de los campos de la banca y bienes raíces. Su primera pretensión fue querer entrar en mi oficina como socia. Luego, vino presentando un plan de trabajo en equipo con otra persona que yo desconocía, a la que se le debía pagar $1,500 dólares mensuales. En aquellos tiempos yo no ganaba ni siguiera una cuarta parte de esa cantidad. Obviamente, el negocio no generaba comisiones para un sueldo de tal magnitud, solo lo suficiente para mantener los gastos del mismo, ya que estaba empezando. Todo el dinero se iba en pagar gastos de oficina, para poder mantenerla abierta.

Cuando escuché su propuesta, se podrán imaginar cuál fue mi reacción. Le expliqué sutilmente que no podía cumplir con ese pago y tampoco necesitaba entrar en una dinámica de trabajo en sociedad por el momento, ya que allí se trabajaba en base a comisiones. No soy amante a las sociedades. Lo he intentado en varias ocasiones y puedo decirles que estas sociedades no funcionan; de diez, una.

Recuerdo que en la propuesta que esta señora presento debíamos trabajar con las personas que estaban a punto de perder su propiedad y ofrecerles ayuda, de manera que al final termináramos quedándonos con la propiedad de la persona, para luego venderla y obtener ganancias. Acción que no me pareció correcta, ni justa el tratar de aprovecharse de la desgracia de otro. Nuestro deber es conseguirle casa o techo seguro a aquellos que nos piden nuestra ayuda como expertos, no engañarlos. Recuerden que el deseo de toda persona es lograr tener su propia casa, no que se la quiten. En fin, dije que no y no supe de la señora por mucho tiempo. Como verán este es ejemplo de un "colega malo" para el negocio, porque solo aportarán una mala reputación, quemarán el nombre tuyo o el de la empresa y estos, a la larga, se van dejándote con el problema. Quiero aclarar que cuando me refiero a un colega malo, me refiero a sus acciones e intenciones en el campo laboral, no a la persona como tal. Gracias a ese tipo de persona o colega fácilmente podrás caer en un problema grande donde te harán perder todo lo que has construido en menos tiempo de lo que tomó abrir tu negocio. En ocasiones, la lástima y el deseo de dar la mano, unidos a la poca malicia, nos hacen caer en situaciones con este tipo de persona que no son éticas y mucho menos honradas.

Sin embargo, esta señora aportó a mis experiencias el conocimiento de préstamos y manejo de cierres. Aunque ya tenía una base que logré adquirir con el Sr. Ordoñez, sin embargo, muchos de los cierres que realicé en aquel momento se efectuaron en efectivo. Lo que difiere de un cierre con una institución bancaria y el proceso.

Cuando esta dama se me acercó por primera vez, lo más que yo trabajaba eran propiedades reposeídas con la famosa "Llave del Hogar". Meses más tarde la señora vuelve a mi oficina, pero esta vez con otra actitud. Deseaba un lugar donde viniera a ayudar y aportar sus conocimientos, me habló abiertamente de su estado de salud y la necesidad de ganar dinero. Esta vez no intentó ganarse un sueldo, sino que cobraría a base de comisiones. Quise darle la oportunidad pues, como siempre, la pena ganó. Le di acceso a mi pequeño imperio y comenzó a trabajar. Pasaron los meses y todo iba bien. Se dedicaba a mantener la oficina bonita, organizada, comenzó a traer muebles de su negocio que no usaba, aportaba sus conocimientos y experiencia, en fin era como la gerente de la oficina, literalmente.

Para ese entonces ya éramos cinco gatos en la oficina. Pues los servicios como corredor de bienes raíces habían aumentado no solo eran venta y alquiler de propiedades, también Administración de Proyectos y Venta de Proyectos Nuevos. Había un joven que atendía llamadas y clientes, una ayudante para mis casos de administración de propiedades, la señora para manejo de préstamos, un corredor y esta servidora. Ella entendía que estaba haciendo algo para contribuir al negocio. Comenzó a traer gente, clientes para esas casas reposeídas con recibos o "vouchers" de la Llave del Hogar. En cualquier momento del día había de todo tipo de gente en la oficina, era un "entra y sale" constante, pero todas venían específicamente para saber de las casas reposeídas.

Rápidamente tomó control del grupo para ese entonces, contando con el joven que atendía las llamadas telefónicas y la entrada de clientes nuevos, ya que yo permanecía fuera de la oficina atendiendo otros negocios y mostrando propiedades reposeídas. En un momento dado comencé a notar que toda esa gente que venía a la oficina para hacer negocios comenzaba pero no terminaban el proceso. Entonces preguntaba y ella siempre me decía que todo iba bien, que se había hecho un negocio, pero nunca lo veía cerrar. Sí notaba que para los fines de mes ella siempre faltaba, cosa que me comenzó a dar mucha curiosidad y me hizo sentir desconfianza. Me puse en vela, mensualmente sucedía el mismo comportamiento. -¿Qué estaba sucediendo?- Efectivamente, todos los meses, luego de preparar y montar el caso en mi negocio, utilizando mis facilidades, fax, teléfono, copiadora y clientes que entraban supuestamente para cerrar en mi negocio, ella se los llevaba a cerrar, cada fin de mes, a otro lugar.

Confirmé mis sospechas, gracias a otra vendedora y amiga en común. Así me engañó y ganó muchas comisiones, mientras yo quedaba pagando los gastos de la oficina y, en ocasiones, compartía con ella las pocas ganancias que entraban, pensando en su dedicación al negocio. Ya molesta por lo que sucedía, viendo que me estaba tomando el pelo que hacia negocios solo para su beneficio y me engañaba decidí tomar una decisión; ya que existían muchas razones para alejarme de esta persona.

Cuando le di la oportunidad de entrar en mi negocio ella me dio su casa para la venta, pues la tenía en atrasos. Aunque también la vendía por afuera y no me decía nada. Luego me entero de que había burlado el sistema bancario en varias ocasiones tirándose a banca rota para evitar que el banco procediera contra la casa, lo que la última vez no le resultó. Cuando yo creía que tenía la casa vendida, ella me decía que un amigo la había opcionado. Las veces que traté de conversar con el supuesto comprador, me decía que él estaba conversando y negociando directamente con ella, por lo que yo no podría hacer nada y perdería mi tiempo. Esto siguió ocurriendo hasta un buen día que, estando yo en la oficina - pues mayormente estaba afuera haciendo negocios-, se recibe una llamada del banco sobre la propiedad de la señora. Para mi sorpresa, me entero de que estaba para ser reposeída. Nunca me comentó nada al respecto y el cliente o prospecto que tenía no era verdadero, sino un frente para mantenerme engañada. Como me había dicho que estaba enferma y no tenía el dinero yo le ayude pagando la tasación de la casa, que me pidió la hiciera para reembolsarme al momento de la venta. Nunca me pagó este favor y luego me entero de que el tasador era su amigo. -¡Otra farsa!- Finalmente, la casa fue reposeida por la institución bancaria y perdí mi dinero.

Pero antes de que esto sucediera comprendí que debía deshacerme de ella antes que llegara el fin de mes. Me tomó varios días el analizar qué haría, sin embargo, ese mismo día tomé tan necesaria decisión. Sabía que debía aprovechar a fin de mes. Como parte del proceso para tomar la decisión, tomé un día fuera de la oficina para aclarar mis pensamientos sobre el asunto. Les advierto que no es fácil salir de un colega malo. Nunca sabes con lo que van a venir o qué tratarán de ocasionarte, aun siendo profesionales independientes, que ese era el caso.

Ese día decidí ir a un restaurante rápido que no solía frecuentar a menudo, me encontré de casualidad con un amigo que, al graduarme de corredor de bienes raíces, me ofreció mi primer trabajo, donde duré un mes. Como dicen los cubanos, "dure lo que dura el merengue en la puerta del colegio". Luego les cuento cual fue mi experiencia allí. Este joven, que se las sabía todas, trabajó para una entidad bancaria por mucho tiempo, en el área de préstamos, tenía mucha experiencia. Al vernos, después de tanto tiempo, comenzamos a hablar sobre lo que ambos habíamos hecho durante todo ese tiempo que había pasado sin volver a vernos a nivel profesional. Durante la conversación se comentó la situación por la que estaba pasando y la necesidad de resolverla. Por casualidad pregunté si conocía a la "fulana de tal". El joven inmediatamente saltó y me la describió con nombre y apellidos, me dio un historial completo y me mencionó que ella acostumbraba a ir de oficina en oficina haciendo lo mismo. Quedé sorprendida, pareciera que Dios me hubiese guiado a ese lugar para recibir la información que obtuve, mas la respuesta a la decisión que debía tomar.

Volvemos a las causalidades. Además de esta información, me recordó quién era él y toda la gente que conocía en esta profesión. Inmediatamente me dijo: "Saca a esa persona de tu negocio porque no te conviene. Perjudicará tu imagen y te puede quemar en la banca." Me habló con sinceridad y en un tono casi familiar. Fue cuando inmediatamente decidí salir de ella sin más preámbulos, tomando en cuenta sus recomendaciones e información. Tuve el valor de deshacerme de ella aprovechando la llamada esperada de fin de mes, como anteriormente les había comentado. A fin de mes, cuando –como de costumbre- llamó temprano para informarme que no llegaría a la oficina. Como dice el refrán: "ni fea ni perezosa", aproveche ahí mismo y le dije que no volviera más. Ella opto por una reacción hostil ante mi reacción. A lo que respondí que ella sabía bien el porqué a mi reacción. Fue un gran alivio haber salido de ella -un colega malo-, aunque perdí mucho dinero. Por otro lado, salvé mi negocio de caer en un abismo del que quizás no hubiese podido levantarme. También debo decirles que se llevo enredado con ella al joven que atendía las llamadas y lo hizo caer en una depresión que terminó regresándose a su país de origen.

Por esa oficina pasaron muchas personas como las antes descritas, más colegas malos, que colegas buenos. De esto me echo la culpa a mí misma, la inexperiencia te hace tomar decisiones que recuerdas con cariño y, otras que no quisieras recordar. Estas vivencias te ayudan a crecer y a crear un ojo clínico para, más adelante, saber a quién le das entrada a tu negocio.

Luego de esta experiencia, llegó a la oficina un caballero vendiéndose como "la última Coca-Cola del desierto". También, mayor que yo y supuestamente había tenido negocio de bienes raíces hacía mucho tiempo. Este no perdió tiempo para comenzar a indisponerme con los que ya formaban parte del equipo (en ese momento él era parte de los cinco gatos en la oficina), a mis espaldas o incitarlos a trabajar por fuera de mi sombrilla. Hacía negocios por debajo de la comisión estipulada, inclusive me indisponía con los clientes para que negociaran con él y no conmigo porque yo, supuestamente, les adjudicaría una comisión mayor. Todo lo que él listaba lo daba al 2%, imaginen que desastre. Así, sucesivamente iba haciendo de las suyas. Poco a poco fui dándome cuenta de la situación y me puse en vela, pero lo mejor de todo fue que, usualmente, me enteraba por los mismos clientes de los acuerdos absurdos y sus comentarios de mala fe. Cuando llegó el momento de ponerle clara la situación y recordarle que el negocio era mío y no de él, se sublevó reclamando que yo no tenía derecho a supervisarlo, estando en mi propio negocio, por lo que optó por mostrar un comportamiento agresivo. Finalmente se tuvo que ir.

Como todo, aquél que afecte tu negocio, tu reputación o el nombre de tu empresa, tiene que estar fuera; hay que salir del "perro al que le das de comer y luego te muerde la mano". Este es otro ejemplo de un "colega malo", perverso, mal intencionado y "malamañoso". Hay muchos como él.

Entre los cinco que habíamos en la oficina en ese momento, había una colega de bienes raíces que quiso ganar experiencia por un tiempo trabajando allí conmigo como corredora, porque nunca había ejercido antes la profesión. Como ya saben, los papeles estaban invertidos, yo buscando negocios en la calle y, los que tenían que trabajar para traer negocios, y ganarse la comisión, estaban metidos en la oficina cogiendo aire acondicionado, entreteniéndose haciendo nada.

Durante el tiempo que yo estaba fuera de la oficina, el empleado del que anteriormente les comenté le hacía la vida imposible a esta compañera, al punto que decidió irse. Constantemente la hostigaba y la retaba. Este señor nunca vendió nada, tampoco pudo con el empuje como corredor, pero se entretenía poniendo a los demás en pugna y disfrutaba este tipo de conducta. Finalmente, la joven quiso probar suerte en el campo, trabajando un tiempo para adquirir experiencia luego de haber obtenido la licencia, pero tampoco dio pie con bola. Pudo ganarse una sola comisión, pero no regresó a laborar por causa del señor que constantemente la retaba.

Esta joven era muy correcta, humilde, pero no tenía el potencial para dedicarse a tiempo completo a esta profesión. Podemos considerarla una colega buena por su forma de ser, lealtad y honestidad, pero le faltaba la astucia y asertividad requeridas en esta profesión. No tenía el temple para tolerar lo que se encontraría en la calle. Ella reconocía esto, por lo que decidió retirarse. Esa clase de colegas, aun teniendo muy buenas características, tampoco pueden pertenecer a su empresa, por no tener el potencial necesario para trabajar en este tipo de venta. Donde se requiere superar la presión y actitudes de otros colegas que suelen optar por este tipo de presión profesional. Aunque no es una conducta aceptable.

Cuando ya éramos seis en la oficina, siempre había un bullicio, buen ambiente, parecía haber compañerismo, cooperación, organización y lealtad al negocio para el cual todos laborábamos con el mismo fin. Continuábamos creciendo, obviamente, todos creceríamos y ganaríamos. De este momento surge la historia del joven que atendía llamadas y clientes, muy preparado para trabajo de oficina y secretarial, conocedor de la tecnología, rápido, eficaz, educado y responsable. Excelente en todo el sentido de la palabra y muy profesional. Yo estaba bien contenta con su trabajo, pero él carecía de seguridad en sí mismo, lo que lo llevó al fracaso.

Luego de un tiempo en la oficina, entabló una amistad muy cercana con la señora de la cual anteriormente les hablé, la que faltaba todos los fines de mes. Esta entró en su vida personal, supuestamente como amiga. Poco a poco le enseñó malas costumbres a nivel profesional, promoviendo una actitud irresponsable, mentirosa y desleal. Terminó actuando a mi espalda, saboteando el sistema de computadoras, ocultando documentos y cartas enviadas en las que se veía mi firma supuestamente ofreciendo información salarial errónea, con el propósito de solicitar crédito.

El joven también cubría a la señora todos los fines de mes, cuando necesitaba llevar a cabo los cierres acostumbrados en otro lugar, usando mi clientela. Como ocurría muchas veces, me daba cuenta de que algo no andaba bien y, paulatinamente, averiguaba la situación. Le pedí al técnico de computadoras que viniera a revisar el sistema, explicándole que no podía acceder a ciertas secciones importantes para el negocio. En la búsqueda de respuestas, el técnico encontró los documentos que ambos creaban y tenían ocultos en una nube; de este modo yo no supe de la existencia de estos documentos por bastante tiempo.

El secretario no me dio tiempo de pedirle que se fuera, al darse cuenta de su fallo cayó en una depresión por la que estuvo dos semanas sin asistir a la oficina. Luego me enteré de que regresó a su país en un estado emocional crítico, perdió todo por lo que había trabajado. Este colega bueno fue víctima del colega malo que causó problemas y afectó su modo de trabajo, ética, honestidad y sin importarle el daño que pudiera ocasionarle.

Durante este tiempo, también trabajó en la oficina una persona que contaba con mucha experiencia como administrador de condominios. Hicimos muy buena amistad, había una gran química. Era un buen ser humano, leal, honesto, servicial y de gran corazón. Era ejemplo de un colega excepcionalmente bueno, muy pocos se pueden encontrar hoy día. Este caballero, dispuesto a ayudar en todo de forma incondicional, permaneció conmigo hasta el final, hasta el cierre de la oficina. Luego que todos los anteriores terminaron saliendo uno a uno según los sucesos ya mencionados. Tuve un caso muy especial, del que no quiero abundar pues todavía no lo he podido superar completamente. Cuando veo una persona con aspiraciones y deseos de aprender, de crecer, trato de darle la mano. En este caso traté de ayudar a este joven que demostraba su deseo de trabajar y dar la milla extra; al ayudarlo, entendía, podría contribuir más al crecimiento del negocio. En aquellos momentos no tenía mucho que ofrecer, pero hice el esfuerzo de ayudarle con sus estudios y pagando el curso para que se hiciera corredor de bienes raíces. Cubrí todos los gastos, el curso, el repaso, la fianza, en fin, lo llevé a donde quería llegar con sus aspiraciones.

Cuando se graduó, esperaba que continuara laborando para mí; jamás pensé que me dijera que quería "experimentar en otros lugares". En la vida, ni en los negocios, se debe esperar demasiado de las personas; cualquiera puede darte una sorpresa. He aprendido que no hay nada "gratis" en esta vida, siempre hay algo que dar a cambio. El esfuerzo que una persona hace por ayudar a otra tiene un precio, y yo esperaba que el joven reciprocara mi ayuda trabajando en mi negocio y adquiriendo experiencia. Aunque más adelante decidiera irse a "experimentar en otros lugares". ¿Qué haces cuando te encuentras con una situación así? Dejarlo ir y desearle la mejor de las suertes, sin embargo, es difícil evitar expresar lo que sentía.

He aprendido que en este campo, y en cualquier situación en la que uno se encuentre con un resultado no esperado, uno no se debe quedar callado. Hay que decir lo que se siente de forma clara, cruda y sincera, de lo contrario, se te romperá una arteria del corazón de la rabia o el coraje, la decepción, la frustración y lo mal agradecida que es la gente. Pasado el tiempo, me enteré de que el joven no continuó la profesión, quién sabe si consideró renovar la licencia después de tanto sacrificio. Está probado que lo que no te cuesta, no se valora. No sabría cómo catalogar a este empleado, un colega bueno, malo o un poco de ambos. La experiencia con este joven me ayudó a valorar aún más las oportunidades brindadas y el sacrificio a otras personas al momento de ayudarlas. Luego de este evento, las experiencias con nuevos colegas no dejaron mucha huella en mí.

Aclaro nuevamente que cuando me refiero a un colega malo, hablo de un individuo que no ha sabido ser leal, honesto, ni agradecido; es mal intencionado, poco profesional, sin ética ni principios. No da honor a esta profesión que muchos de nosotros honramos siendo todo lo contrario, porque nos costó mucho obtener el título y la experiencia. Es un deber y una obligación optar por un comportamiento ético y mantener una reputación intachable; no es justo que por estos colegas seamos juzgados erróneamente.

Entre las experiencias vividas luego, cabe destacar la del joven recomendado por una colega que trabajaba en una compañía de bienes raíces muy conocida. El joven se acababa de graduar de corredor de bienes raíces, pero aun no había recibido su licencia oficialmente. Quería comenzar a adquirir experiencia lo antes posible, pero su mayor motivación era comenzar a ganar dinero rápidamente. Ya que corría un negocio pequeño donde manejaba mis clientes como corredora independiente, tenía menos exigencias que otras oficinas que actuaban como empresas de bienes raíces. Por lo tanto, el joven me fue recomendado para que cogiera experiencia como colega independiente y compartiéramos comisiones. Decidí darle la oportunidad de trabajar con nosotros.

Da la casualidad que le llega su licencia mientras trabajaba su primera venta. Al ver que ya podía ser independiente sin necesitar mi apoyo, olvidó el acuerdo hecho y lo primero que me dijo fue: "No quiero compartir mi comisión con usted". ¿Qué pueden hacer en este caso? Nada. Es necesario que se estrellen con su egoísmo, falta de ética comenzando, y falta de respeto a sí mismos. Así podrán aprender lecciones de vida a nivel personal y profesional.

No es fácil rodearse de todo tipo de personas en este campo, tampoco es difícil, solo hay que desarrollar un ojo clínico y usar la intuición antes de escoger aquellos que van formar parte del equipo de trabajo y logros. Pueden encontrar excelentes colegas, leales, honrados con intereses similares, pero son muy pocos los que llenen todos tus requisitos. Conocerán a los que entran por la cocina y luego se creen dueños. Comienzan con sugerencias y búsqueda de cambios; luego, quieren convencerte de que debes vender acciones y dividendos porque piensan que tienes una empresa inmensa que recibe grandes ganancias y todos quieren convertirse en socios.

Muchas, a veces buscan cambiar lo ya establecido, a la vez hacen negocios sin informarte, ni consultarte. Entienden que merecen saber sobre todas las ventas de sus compañeros, pero no es necesario que informen sobre las suyas; sus asuntos parecen misterios. Estos son los colegas peligrosos, que fácilmente pueden llevarte a situaciones legales y con la única intención de aprovecharse de tus esfuerzos. Como estos hay muchos en la profesión, sin que te des cuenta te comienzan a engañar, a "hacerte la camita". Estas personas mienten sin escrúpulos y, si no prestas atención, se te quedan con el negocio, con los clientes y con las ventas.

Se debe utilizar la intuición antes de asociarse con alguien, no se sabe cuán peligrosa o conflictiva pueda ser la persona. Por todos los medios se debe tratar de no confiar ni asociarse con nadie; lo que se empieza a sola, a solas debe terminarse. Un negocio no necesita muchos colegas para ser exitoso. Por esta razón es que hay tantos corredores independientes de un tiempo para acá. Ya no quedan muchas empresas, pueden ser contadas; unas han perdido las franquicias, otras están luchando para sobrevivir en este mercado y economía actual. Manejar una empresa de bienes raíces con muchos corredores es un gran reto, por los gastos, los problemas legales y los asociados.

Cuando sientan que una persona no es sincera y sienten una cierta desconfianza, tómenla por cierta, no se debe esperar a que esa persona pudra el negocio. He tenido que pasar por esta experiencia varias veces hasta que, al final, aprendí mi lección. La intuición, muchas veces, es más certera que cualquier opinión.

Experiencia e Intuición

Recuerdan el joven que me dio la oportunidad, por primera vez, de trabajar como corredora de bienes raíces en su compañía. Que mencione comentaría sobre mi experiencia, donde dure menos de un mes. Lo que viví allí contribuyo a mis experiencias malas y a obtener la malicia de poder catalogar a las personas hoy día rápidamente sin confundirme. Esta fue mi primera experiencia después de graduarme y les cuento aquí pude vivir en un solo mes lo que le llaman un curso avanzado en falta de ética y riesgo personal. Se dedicaban al negocio de los bienes raíces pero de la forma equivocada. A parte que la clientela no era la mejor. Fue otra experiencia que aporto unas vivencias de un colega malo, sin embargo consciente de lo que hacía pero bueno conmigo como persona y ser humano. El mismo se dio cuenta de que yo no pertenencia al lugar y me dijo que me fuera para no perjudicarme, ni hacerme daño en mi profesión. Lo que siempre agradeceré.

Después de tantos golpes y malas experiencias, decidí trabajar sola, después de mi segunda experiencia que fue con el Sr. Ordoñez. El administrador de condominios que mencioné anteriormente, ahí me di la oportunidad de trabajar con alguien. Este caballero era un viejo amigo con quien había laborado cuando fui presidenta de la asociación del condominio donde vivía. Un día vino a saludarme y me informó de que ya no estaba trabajando. Se me ocurrió que podría ayudarme en la oficina, ya que estaba en el proceso de comenzar en administración de condominios para desarrolladores.

Me sentía contenta con su trabajo y compañía, además, era un hombre honesto, respetuoso, gentil, servicial y cordial con todo el mundo; dispuesto a trabajar a cualquier hora y en lo que fuese. Era un hombre de paz, con una paciencia que yo misma no podía a veces entender. Lo único que no me agradaba de él, era que daba mucha conversación a los clientes, aunque la misma no estuviera relacionada al trabajo. Eso daba a lugar a que el cliente se sentara a conversar primero y el negocio quedaba secundario.

Se debe observar que un empleado anteponga los negocios antes que el diálogo personal. Las oficinas se hicieron para asuntos profesionales, estos vienen primero y luego la confraternización. La confraternización se deja para después de terminar y cerrar el negocio, esto abre las puertas para que ese cliente regrese. Se debe socializar en los negocios comedidamente.

Esto no quiere decir que no se debe ser cortés, amable y empático, pero los negocios han de tratarse con firmeza y seriedad. Este profesionalismo lo notará tu cliente. Al interrumpirse una negociación para bromear con un compañero, comer algo o atender llamadas personales no se le da al cliente el respeto que merece. El cliente busca llevar a cabo una transacción en un tiempo razonable de espera, requiere atención inmediata y no desea formar parte de los asuntos personales del vendedor.

Esto lo aprendí cuando viví en la Florida; el estadounidense va a lo que va, interesa hacer negocios, hacer dinero y no tener interrupciones. Para ellos "negocios son negocios", y terminan su visita con: "Gracias, fue un placer hacer negocio juntos".

Entiendo que existe una diferencia cultural. Aquí somos más familiares, bromeamos, hablamos de asuntos personales, de la familia, en fin, hay que ser hasta sicólogo y dar consejos, antes de cerrar una transacción de negocio. Sin embargo, esta diferencia cultural, no debe interrumpir la importancia que tiene la conversación de negocios. Muchos me consideran negrera porque tomo mi trabajo en serio, no me gusta perder tiempo, ni que me lo hagan perder. Creo que el tiempo es dinero, un segundo perdido equivale a un cliente perdido. Si el cliente ve que no se le presta atención a su situación, no lo tomará en serio y, fácilmente, se irá a hacer negocios con otra persona. Es importante que los corredores de bienes raíces entiendan la importancia de tratar asuntos de negocios primero y, los personales, después, fuera del negocio.

En mi último viaje a la convención de bienes raíces en Las Vegas pude apreciar que cada empresa de bienes raíces tenía a sus vendedores bien adiestrados.

Todos vestían profesionalmente, ninguna dama vestía de modo seductor, ya que este tipo de vestimenta puede confundir a los compradores. Cada vendedor parecía estar enfocado en su misión. Estos saludaban a todo el que pasaba cordialmente. Si alguien mostraba interés en hacer negocios, lo abarcaban para preguntar cuál era su propósito de visita en la convención y, a su vez, inmediatamente le hablaban de sus servicios. Hablaban del negocio de manera agradable, siendo claros y concisos; al final se despedían amablemente. Si estos captaban que la conversación no traería ningún tipo de negocio, se movían al próximo cliente.

Me interesa mucho observar cómo vendedores de otros países se comportan en ciertas situaciones, para comparar sus acciones con las nuestras para así aprender y mejorar.

Volviendo a mi asociado, en varias ocasiones le hice la observación sobre hasta qué punto me molestaba que el cliente permaneciera más tiempo de lo estipulado y me ocupara tiempo del que necesitaba para llevar mi agenda diaria. Recuerdo que eso bueno tenía el secretario, era tan eficiente que le molestaba que le ocuparan su tiempo con conversaciones no relacionadas a su trabajo, venía a trabajar, completar lo que no pudo terminar el día anterior; era amable con los clientes, los atendía bien y los despedía rapidito.

Esta situación la comparo al momento cuando vamos a una agencia de gobierno, por ejemplo al CRIM, para buscar una Certificación de Valor de un cliente. Nos toca el turno, pero qué sucede, el técnico, antes de llamarte, se para a hablar con otro empleado, bromea, comenta asuntos personales, y vuelve y se para a hablar con otro en el camino, y con otro hasta que llega nuevamente donde ti. ¿Cuánto tiempo perdiste? Luego, antes de comenzar a atender tu situación, te hace un comentario que no tiene nada que ver con el propósito de tu visita. Ya para cuando comienza a atenderte le suena el celular, ahí te tiene esperando hasta que resuelva su problema personal, mientras tanto ya perdiste más tiempo de lo razonable. Díganme si no sale uno molesto del lugar. Así mismo sucede en los trabajos, esas experiencias son muy comunes y hay que evitar que sucedan.

Volviendo nuevamente al señor que trabajaba conmigo con experiencia en administración de condominios, podría decir que, "el remedio es peor que la enfermedad". Este asociado se encargaba de abrir y cerraba la oficina a la misma hora siempre, durante toda la semana. Mientras yo permanecía en la calle buscando negocios. Ciertas cualidades se deben escudriñar en una persona antes de decidir trabajar con ella. El uso de la intuición ayudará a escoger mejor sus colegas o empleados. Recuerden que "no todo lo que brilla es oro".

A las personas hay que educarlas para que el negocio prospere y camine del modo deseado. Al igual que yo, muchos de ustedes están pasando por alguna experiencia similar y todavía no lo reconocen, continúan asociándose con gente que no traerá beneficio. Ustedes pueden velar por el progreso de su negocio, deben prepararse para sufrir desengaños, traiciones, malas jugadas, hasta que utilicen su clientela, información valiosa y no agradezcan la ayuda brindada.

La intuición y las experiencias vividas te ayudarán a alejarte de los "no Realtor". Las experiencias expresadas en este escrito los pueden ayudar a reconocer las cualidades de quienes considero "no Realtor", personas con quienes no vale la pena asociarse o darle espacio en su negocio. No bajen la guardia, proteja sus esfuerzos y negocio. Usen su intuición, malicia y experiencias pasadas. Siempre he creído que el Realtor que es bueno, honesto, correcto y lineal es como un brillante, cuando se pone bajo la luz (a escrutinio) brilla con luz propia. Un decir propio es, los buenos vendedores de bienes raíces son "imitados, pero no igualados".

En esta profesión no existe competencia. Cada cual se prepara para ser un profesional con vastos conocimientos en la rama que desee trabajar: residencial, comercial, terrenos, herencias, propiedades reposeídas, centros comerciales, administración de propiedades, propiedad horizontal, en fin, hay muchas ramas dentro de la profesión de bienes raíces en las que se pueden especializar. No es importante solamente dedicarse a "listar y vender". La preparación y la experiencia de un Realtor no pueden ser imitadas, ni copiadas de otro. En algunas ocasiones, el conocimiento y la experiencia adquirida por una persona hacen que otras deseen alcanzar la misma posición, sin darse cuenta de que no tendrán nunca las mismas oportunidades. La experiencia no se hereda, ni se copia, ni se aprende, se adquiere con años de trabajo y esfuerzo, a palo limpio. La experiencia, también, me ha enseñado a eliminar de mi camino a corredores de bienes raíces que buscan trabajar conmigo solo para ver de qué modo pueden aprovecharse de la situación. Pensar de este modo no es egoísmo, sino sabiduría.

Consejos de los Expertos

Cuando quieran el consejo de un experto, pregunten, luego siéntense y escuchen calladamente. Usualmente hacemos las preguntas y nosotros mismos nos damos las respuestas que deseamos escuchar. Eso no es lo que realmente debemos hacer cuando pedimos consejos, el experto debe dar la respuesta basada en sus experiencias y los conocimientos que ha tenido. Ya lo había mencionado en un capitulo anterior, y lo repito. Por muchos años he tenido la oportunidad de toparme con varias personas que han sido clave en mi adquisición de conocimientos y experiencias, a parte de los consejos que profesionalmente he adquirido durante mis años de trabajo.

Trabajando en la banca internacional tuve la oportunidad de codearme con personajes de diferentes caracteres, gustos, profesiones; pero todos tenían algo en común, éxito en los negocios y poder adquisitivo. El dinero les daba un sentido de seguridad. Rodearme de estas personas me ayudó a entender su forma de pensar en cuanto al manejo de negocios y el dinero, en general. Sin importar su trasfondo cultural o profesional, todos mostraban actitudes similares en su manera de actuar en los negocios. Debemos aprender de ellos cómo manejar un negocio, ya que son los expertos en el tema. De ellos podemos aprender que no debemos tolerar nada que te afecte directamente o a tu negocio.

Recuerdo cuando tuve la oportunidad de trabajar en Panamá, mis experiencias fueron muchas, pero mi jefe era un hombre que tenía muy en alto sus decisiones. Este no soportaba que siendo un ejecutivo de su empresa hiciera amistad o tuviera mucha confianza con los empleados o los que estaban bajo mi supervisión. El entendía que esto quitaba poder y autoridad. Otra experiencia que pude aprender fue la de no relacionar lo personal con el negocio. Esto quiere decir que al hacer negocio con una persona, no puedes coquetear ni usar tus atributos para conseguir el negocio, siempre debe prevalecer lo profesional. Regla número uno que fui instruida por cada uno de las personas que trabaje, siempre funciona de maravilla. Profesionalismo y respeto, primero a tu persona y después con quien haces negocio. Las experiencias de los expertos te enseñan que las personas y las situaciones se comparan con rocas que se presentan en el camino a interrumpirte u obstruirte el paso, que deberás patear hacia el lado para evitar que te afecten o te detengan.

En el campo de bienes raíces se rodearán de conocedores del mercado, personas de las cuales puedes aprender mucho, no desaprovechen estas oportunidades. Para triunfar en este campo no es suficiente lo aprendido en el curso. Hasta que tengas la oportunidad de trabajar en una empresa que se dedique exclusivamente al manejo de bienes raíces, no podrás reconocer tus virtudes y debilidades en este campo. Sugiero que lean el libro "Think Big and Kick Ass in Business and Life", de Donald Trump; a pesar de la controversia que Trump ha causado hoy día con su aspiración a Presidente de los EU y su logro, este libro es excelente ya que relata vivencias y experiencias adquiridas en el campo de las bienes raíces. Les dará un sentido diferente de la profesión, de las personas que conocen, de los negocios con amigos y de los colegas que realmente quieren alcanzar el éxito a través de esta profesión pero de forma incorrecta. Se los recomiendo que lo lean.

Me gusta leer y buscar información, adquirir nuevos conocimientos, saber dónde estoy parada antes de conocer a un cliente nuevo. Odio que me tomen como poco conocedora o ignorante en mi campo de trabajo. Por tal razón no me molesta buscar los consejos de un experto, podemos también, presentarles nuestras dudas, miedos y preocupaciones. En ocasiones, luego de la relación entablada como mentor, pueden convertirse en nuestros clientes. En mi caso, aun teniendo vasta experiencia en la banca internacional, en muchas ocasiones los consejos adquiridos de mi mentor me ayudaron a mejorar mi trabajo y explotar mi potencial para poder obtener mejores puestos en mi empleo. Recuerden que al preguntar, debemos callar y escuchar atentamente. Para escuchar el que tiene la experiencia. Cuando me surgió la oportunidad de trabajar en una Emisora de Radio en Panamá, recuerdo que mi gran preocupación era que no tenía experiencia para el puesto ofrecido, ni siquiera en ventas. Cuando comencé en esta nueva etapa de mi vida no quería que nadie descubriera que carecía de ciertos conocimientos necesarios para la posición ofrecida. Pero, cuando no sabes algo, es mejor decirlo; si tratas de pasarte de listo es muy probable que termines haciendo el ridículo y podrías perder la oportunidad. Como mencioné anteriormente no hay nada mejor que la honestidad y ser claro con las personas desde que comienzas a tratarlas. Así, que le notifiqué al dueño mi dilema antes de comenzar, quien me respondió; -"No importa, le pondré una persona que será el experto en adiestrarle y darle todos los consejos que necesite para llevar a cabo el trabajo y para que se pueda adaptar a un nuevo lugar con otra idiosincrasia y costumbres."-

Así fue, durante el tiempo que trabajé en la emisora siempre demostré mi interés en obtener y escuchar los consejos de ese mentor que me ayudaba a desempeñar un mejor trabajo, desarrollarme y adaptarme a unas costumbres totalmente nuevas. Pero siempre escuchando a aquel hombre de origen oriental quien me deleitaba día tras día con sus consejos y sabiduría. Durante ese transcurso trataba de relacionarme rápidamente con los clientes y empleados, para conocer más allá de lo que tenía de frente, esto me llevaba a tener más y más responsabilidades, pero aplicando aquellos consejos sabios que recibía de mi mentor. Recuerdo que uno de los consejos que más me impactó de parte del mentor y el Presidente fue: -"cuando encuentres una piedra en el camino dale una patada y continua, no dejes que nada te detenga"-. También me aconsejaba que no hablase de mis planes con nadie, debía llevarlos a cabo en silencio para que se pudieran lograr.

Otra cosa que solía recordarme era que no le gustaba que me relacionara con mis empleados, pues entendía que eso llevaba a confianzas extremas y posibles faltas de respeto. Un buen día, por no seguir los consejos, en una ocasión que tuve que llamarle la atención a una empleada la misma me respondió como si yo fuese otra compañera de trabajo y no su supervisora. Esa desobediencia me costó un regaño y, a la misma vez, pasar por la mala experiencia y la vergüenza de que la empleada me faltara al respeto. Lo que inmediatamente me enseñó la lección.

En otra ocasión por no seguir sus sugerencias y relacionarme muy amigablemente con una vendedora, tuve otra experiencia desagradable con esta. Cuando tuve que reprender la empleada con tres días fuera del trabajo, sin paga, y la advertencia de que, si volvía a repetirse la situación, sería despedida, por la confianza que le había dado esta me respondió con una palabra muy usual en Panamá – me respondió "ubícate". Sin embargo, por mi falta a lo instruido donde yo debía hacer claras las normas de la empresa y mi posición dentro de la misma; de lo contrario, si volvía cometer el mismo error, sería yo la despedida. Moraleja – "sigue consejos y llegarás a viejo".

Experiencias como esta todos las vivimos. Ya ven que por no seguir los consejos del experto casi pierdo mi trabajo. Esto demuestra que cuando un experto da un consejo es mejor acatarlo, pues él ya sabe lo que sucederá y las consecuencias que podrías afrontar por no seguirlo. Moraleja: -"más sabe el diablo por viejo, que por diablo"-

No busques en la mediocridad la guía, en el camino que has de escoger ten mucho cuidado a quien elegir para pedir o recibir consejos. No todo el mundo está preparado para eso, es un don especial que solo aquellos que realmente hayan vivido múltiples experiencias, tanto buenas como malas, y hayan pasado por todo lo que tú tendrás que pasar podrán brindarte consejos de provecho para tu vida, pues ya tienen la sabiduría.

¡Tenemos que hacer "Co-Broke"!

Según les contaba, cuando abrí mi oficina y trabajaba sola, manejaba una transacción desde la

A hasta la Z. Así estuve por espacio de cinco años manejando mis propios cierres, lo que no me causaba ningún problema o estrés. Todo lo contrario, aprendí a resolver todo tipo de situación y todo tipo de "co-broke". También tuve la oportunidad de hacer "co-broke" con corredores que trabajaban para empresas de bienes raíces tales como: Coldwell Bankers, TIRI, entre otros. Mantener una buena relación de equipo de trabajo cuando haces "co-broke", conlleva muchas responsabilidades. La diferencia que estriba entre un corredor independiente y un corredor de una empresa de bienes raíces, es que el corredor independiente casi nunca saca o tiene el tiempo para atender la parte que le corresponde hacer en este tipo de comisión compartida.

Sin embargo, el corredor de una empresa de bienes raíces se le exige que deba estar al tanto y colaborar para esa transacción de comisión compartida. -¿Saben por qué?- Porque de esa comisión compartida dependen varios, el corredor y la empresa. Y no se puede perder. Por otro lado, en muchas ocasiones el corredor independiente no colabora, no interviene y solo llega al cierre a buscar su cheque. Claro, tampoco debo discriminar, no todos son así. Hay otros colegas que dan el 100% de su atención y cooperación hasta el final de la transacción. Nos podemos tropezar con los más experimentados y con los menos en este tipo de comisión compartida.

Otros corredores hacen "co-broke" y llevan a cabo las transacciones pero no están conforme con cuánto recibirán de comisión, compartiendo la comisión de acuerdo a lo que se estila en el mercado (50/50) y quieren ganar más. Otros no quieren compartir sus comisiones y prefieren quedarse con sus listados "per saecula saeculorum" aunque terminen sin venderlas, hacen de todo antes de aceptar "co-broke".

También me he encontrado con este otro, muy frecuente. Hay colegas que recomiendan a alguien como cliente, sin ni siquiera conocerlo realmente, ni tienen contrato firmado alguno, pero pretenden exigir la comisión compartida, alegando que es su cliente. Estos "No Realtor" se adjudican a la persona como cliente simplemente porque se enteraron por una conversación que la persona vendía o deseaba comprar, y quieren ganarse una comisión facilita. Cuando esto sucede, ¿cómo se ha de reaccionar? Para mí la honestidad es primera, segunda la integridad. He sabido renunciar a una comisión si entiendo que no me corresponde. Pero cuando esto sucede, claramente le dejo saber al corredor que no le corresponde la comisión, ni el cliente. De este insistir, se le deberá pedir al corredor que obtenga del cliente una autorización por escrito que lo autoriza a que lo represente como corredor en la transacción de compra. Créanme, usualmente -¡NO Sucede!- El cliente para evitar la controversia o se retira de ambos o se queda con el que no se quiere pasar de listo u oportunista. Me ha sucedido muchas veces y no deja de ser vergonzoso.

Otro ejemplo muy peculiar de un "No Realtor" haciendo co-broke, es aquel que recibe el depósito de opción, lo pone en su cuenta y, si no se da la transacción, se lo quiere retener al cliente. Recuerdo que hace uno años atrás una colega me trajo dos corredores, mejor dicho, dos "No Realtor" que se dedicaban a apropiarse de los depósitos de compradores en proyectos. Por alguna razón intuitiva nunca hice negocios con estos. Después de un tiempo me llamó una colega notificándome que estos dos corredores serían demandados y querellados en la Junta de Corredores por este tipo de comportamiento inapropiado y falta de ética en la profesión. Finalmente, los atraparon. Mi intuición me ayudó a no caer en el engaño. Parece ser que para algunos no existe la Ley de Ética.

Las comisiones hay que trabajarlas, sudarlas, no llegan del trabajo o el esfuerzo de otros. En casos de "co-broke" muchos opinan: "si uno de los corredores trabaja un caso desde la A hasta la Z, porque tiene que compartir la comisión 50/50 con otro colega que no lo ha sudado!". Esto no quiere decir que el "co-broke" se hará 60/40 o 70/30. La palabra "co-broke" significa que, un Realtor trae el comprador y el otro Realtor tiene el vendedor. Una cosa va con la otra, como dice el refrán: "al Cesar lo que es del César y Dios lo que es de Dios", si lo trabajo, se lo gano. Si tienes la propiedad y otro corredor trae el comprador, entonces tuviste la oportunidad de venderla y de ganarte la comisión.
De lo contrario, si no la vendes no tendrás la comisión en tu bolsillo.

Ahora hay ocasiones en que el que trae el comprador no aparece hasta el día del cierre y lamentablemente cobra su 50%. Les sugiero que cuando hagan un "co-broke' envuelvan a ese colega en el caso desde la A hasta la Z, - "póngalo a trabajar, y que sude su comisión compartida"-. Envuelva ese corredor en la transacción y en las gestiones necesarias para lograr cobrar esa comisión aunque sea compartida.

En este campo hay que entender y respetar que nadie es cliente de nadie, a menos que exista un contrato firmado entre las partes que así lo autorice. Los clientes son libres de hacer negocios con quien ellos crean más conveniente. Un ejemplo de cuán absurdo pueden ser estos casos, es cuando un colega nos dice que ha referido a un amigo, por lo que tiene que recibir su comisión.

En otra ocasión, hice un negocio con un inversionista a quien llevé a ver una propiedad comercial; este la compró, acordamos una comisión y me la pagó. Pero recuerdan aquel colega de la oficina que cerré por actuaciones no éticas a mis espaldas, vino y me dijo de forma amenazante: -"que la próxima vez, si no compartía la comisión con él, me cortaría la patas con el inversionista", y que no podría hacer más negocios con esa persona porque era su amigo y tenía que compartir cualquier negociación que hiciese con él. Obviamente, el colega ni busco la propiedad, ni firmó contrato con su amigo, ni desempeñó nada durante la transacción. Por lo que no le correspondía comisión alguna, simplemente era su amigo. ¡Ven la listeria!

También me he encontrado con colegas a los que les llevas el comprador y te dicen: -"la comisión es 60/40, o 70/30". - ¿Por qué? - Si el trabajo mayor es vender, no listar. Puedes tener muchos listados, pero si no los vendes, nada ha sucedido. ¡Al cliente lo que le interesa es que vendas su propiedad. No le interesa el cómo, sino que la vendas! Si se consigue un comprador para la propiedad mediante otro colega, lo correcto es un co-broke, 50/50.

Los demás porcientos son embelecos. Antes era difícil listar una propiedad, pero hoy día nos pueden llegar listados por referidos o recomendaciones, hasta por decir que eres corredor de bienes raíces; la gente ya está más educada en el servicio que ofrecemos. Lo más difícil es hacer que esa venta llegue a su final, ya que hoy día los requisitos de la banca están más exigentes que antes. Toma mucho más tiempo el poder vender una propiedad. El corredor tiene que aprender a resolver miles de situaciones, problemas, complicaciones para poder llegar al final de la transacción, o sea, lograr el famoso CIERRE. El camino para llegar a un cierre puede ser uno tormentoso, un parto de varios meses, pero cuando logras llevar esa venta al cierre sientes una satisfacción triple: reto, experiencia y recompensa por tu esfuerzo. De la misma forma si es una comisión compartida. Por eso no estoy de acuerdo con aquellos corredores que pretenden ganar la mitad de una comisión y no colaboran. Hay que trabajarla.

Decisiones en Momentos Difíciles En la Economía

Como les relaté, comenzando la recesión económica del 2006-2007, decidí cerrar mi oficina. Me quité la preocupación de pagar renta, que cada vez se iba haciendo más difícil. Además, los gastos operacionales no mermaban, todos los meses era la misma cantidad de gastos en luz, agua, teléfono, celulares, gasolina, promoción, mercadeo, etc. Pero las comisiones eran menos cada mes. La situación se puso difícil para mí y para muchos, había que trabajar más duro de lo que trabajabas antes, para lograr ventas similares. Fue la mejor decisión que tome en ese momento y me sentí tranquila, literalmente, pero frustrada.

Al principio no fue fácil, me sentía perdida, sentía que algo me faltaba. La oficina era el espacio donde podía crear el ambiente para trabajar a gusto, no sentía lo mismo al trabajar desde la casa. Los que trabajan desde la casa opinan que así tienen más libertad al manejar su tiempo y minimizan los gastos operacionales. Pueden trabajar un rato, atender llamadas, hacer citas, y al mismo tiempo se puede atender la casa, los hijos, y la pareja.

Cuando se tiene una oficina vienen otras preocupaciones, hay que abrir todos los días a la misma hora, reciban clientes o no, los gastos, y no hay tiempo para manejar otras cosas, como cuando trabajamos desde la casa. Aun reconociendo el lado positivo de trabajar desde la casa se me hacía difícil tomar una decisión en momentos difíciles. Usualmente los sentimientos de posesión, orgullo y el "qué dirán" nos atan a decisiones que no queremos tomar, pero son necesarias.

Al momento que decidí cerrar la oficina, resultó que mi hijo decide casarse y se mudaba de la casa, dejándome un cuarto disponible, para mi oficina.

En ese momento sufría de dos sentimientos encontrados; primero, la partida de mi hijo mayor y, segundo, el trauma de haber cerrado lo que tanto esfuerzo me costó. Podría decirse que el tercer sentimiento fue preocupación por "el qué dirán". Después de un tiempo analizando mi decisión, teniendo en cuenta las oportunidades que presentaba y los gastos que evitaría, me di cuenta de que la mejor decisión, en aquel momento, era usar el espacio disponible en la casa para mi beneficio.

Finalmente, me entusiasmé, decidí pintarlo y traer parte del mobiliario que tenía, llenando ese vacío que me quedó. A pesar de lo difícil que fue adaptarme a los dos cambios que experimentaba al mismo tiempo, tenía tranquilidad, usaba mejor el tiempo y manejaba mis clientes desde la casa. Mayormente estaba en la calle, citaba los clientes en bancos o lugares públicos, nadie notaba la diferencia. Hay que aprender a adaptarse a los cambios en la económica y saber aprovecharlos para tu beneficio en momentos difíciles donde hay que tomar decisiones rápidas y drásticas.

Oportunidades Inesperadas

Luego de casi un año y tres meses de haber cerrado las oficinas y haberme establecido en casa, surgió la oportunidad de asistir a la convención de Bienes Raíces más grande, que se lleva a cabo en Las Vegas, Nevada. Exclusivamente para dueños de Centros Comerciales, auspiciada por la ICSC (International Council of Shopping Centers). Aquí se pueden encontrar franquicias de comida rápida y de tiendas por departamento, tales como Burlington, Marshall, Subway, Mc Donald, CVS, Popeye, entre otras franquicias americanas. Es una gran oportunidad que no a todo el mundo se le ofrece, ya que para poder asistir tienes que hacerte miembro de ICSC y es una membrecía muy costosa. Claro, tuve la oportunidad a través de otra persona, que me pidió lo acompañara para ayudar a buscar tiendas por departamento para un proyecto que estaba desarrollando.

Desde que comencé mi carrera de Realtor me han perseguido la suerte y las buenas oportunidades, gracias a ciertos contactos o clientes que traen consigo nuevas oportunidades. En esta convención pude observar la cantidad de vendedores de bienes raíces que trabajan para empresas de bienes raíces existentes en los Estados Unidos. Cuán bien orientados están en el campo, tan profesionales quedé sorprendida por la forma en que presentaban sus proyectos y propiedades comerciales, bien documentadas, no faltaba nada de información para que el posible prospecto recibiera la información completa. La cantidad de asociados trabajando para cada una de esas compañías de bienes raíces podía llegar a los 250 asociados, todos bien entrenados.

En cuanto a los dueños de franquicias, tampoco podría criticar, porque te brindan la más mínima información para que te intereses en ser un franquiciador. Las presentaciones de las propiedades tenían una descripción bien detallada: pies cuadrado, metros cuadrados, localización, datos demográficos según las millas de cercanía (5, 10 y 15 millas), conteo de trafico del área, población, mercado cautivo del área, inquilinos adyacentes, ingreso per cápita del área, mapa de ubicación y una buena foto de la propiedad. Observaba esta información con la intención de mejorar mi trabajo, la preparación personal y presentación de propiedades a la venta. La importancia dada a la información de las propiedades es casi la de un portafolio completo.

Esta ocasión inesperada que estaba viviendo en ese momento, me dio la oportunidad de observar para aprender rápidamente como tenía que contactar las personas que representaban las compañías "retailers" para lograr mi cometido de búsqueda de inquilinos para un centro comercial en Puerto Rico. Cuando me acercaba a un quiosco venían cordialmente y con mucha amabilidad a conversar, para orientarme pero a la misma vez escuchar que yo estaba ofreciéndoles que los interesara entrar en el mercado que representaba. Algunos estaban interesados en conversar sobre el lugar que estaba tratando de venderles para que ellos entraran a establecer su tiendas, otros simplemente sin rodeos te decían no estaban interesados en hacer negocios con Puerto Rico. En ocasiones hubo franquicias que ni sabían donde era Puerto Rico. ¡Curioso!

Sin embargo, reconocía que no tenía la experiencia, en aquel entonces, para lograr alquilar los locales y el concepto que tenía el centro comercial. Pero con astucia logre entablar con algunas compañías una buena relación e interés en el proyecto. Era evidente que para esta rama se requiere una experiencia específica que no la tenía. Sin embargo, hice mi trabajo lo mejor que pude y obtuve información importante para el dueño del centro comercial. Nos sirvió de experiencia para ambos.

Mientras caminaba, por aquellos enormes pasillos, donde solo veía a cada lado numerosas compañías y franquicias de todas clases, me llamó la atención que existían varios espacios para llevar a cabo solamente "networking", para ampliar la red de contactos entre diversas empresas de bienes raíces. Todas las empresas obsequiaban algo, ya fuera una cinta de medir, bolígrafos, reglas para medir planos, llaveros, etc. En fin, podías apreciar que todos los allí presentes buscaban o tenían el mismo fin, hacer negocios, a nivel Internacional o Nacional.

En Puerto Rico, también tuve la oportunidad de asistir a una convención de estas en el Caribe Hilton auspiciada por la misma asociación. Pero no se compara con la que se ofrece en las Vegas. Nuestra profesión necesita de más información sobre este mercado y los Realtors especializados son pocos. No busco comparar, pero sí debo reconocer la oportunidad de mejorar el mercado copiando buenas ideas, buscando las opciones que existen de manera que estemos bien documentados ante el cliente. Con información apropiada hacemos que estas compañías entren a hacer negocios y establecerse en nuestra isla.

Por eso vemos el éxito que tienen algunos centros comerciales en Puerto Rico, ya reconocidos y que ofrezcan una gran variedad de tiendas por departamento, franquicias. Volviendo a mis planes, esta fue una gran ocasión inesperada que me abrió puertas a nuevas oportunidades de negocios e ideas para ayudar a diferenciarme de otros corredores de bienes raíces.

Esta profesión puede ser diversificada en varios servicios, logrando especializarnos en lo que nos gusta y aprovechando las oportunidades para poder entrar en otro mercado con más potencial y mejor oportunidad de ganar altas comisiones. Allí aprendí sobre la rama comercial, cómo la manejan, sobre franquicias, cómo negociarlos, búsqueda de nuevas localizaciones para mega tiendas, requisitos y, sobre todo, contactos. En mi opinión, es más fácil el área comercial que la residencial; aunque requiere más tiempo, todo está establecido, la documentación existe y los clientes saben lo que cuestan las propiedades, es solo llegar a una negociación entre las dos partes. La parte residencial, considero, es más compleja, problemática y que más tiempo toma en poder llegar a un cierre. Por las miles de situaciones que se presentan, tanto de la parte vendedora como la compradora. Cada una es un mundo aparte.

Es importante no perder el enfoque de continuar creciendo en conocimientos, buscar las oportunidades, orientarte comparando la profesión con otros lugares. Inclusive, cada vez que viajo fuera de los Estados Unidos, ya sea Sur América o Europa, no puedo evitar buscar información sobre lo que está sucediendo en esos países con la venta de propiedades. Hasta me fijo en los letreros que utilizan para indicar que la propiedad está a la venta. La pregunta al chofer del recorrido no falla, debo saber en cuánto se venden las propiedades en el país que me encuentre. Así puedo comparar precios, así como es importante comparar tus conocimientos con los colegas dentro de la misma profesión. Esto hace la diferencia. He crecido en mi profesión como vendedora de bienes raíces durante los quince años que llevo en la isla, por las oportunidades inesperadas que he tenido desde que comencé a dedicarme a este campo. Mis metas son grandes, continuar con los planes trazados y adquirir experiencia en el campo en que me desempeño, ya sea aquí o en la Florida.

Para lograrlo es importante recordar que, lo que cuenta, es la satisfacción propia, no lo que piensen los demás. Debemos trabajar en nuestras cuatro paredes, creando nuestro momento a través de las oportunidades brindadas. Al lograr el éxito, muchos quieren ser parte de él, sin darse cuenta de la necesidad de mantenerse activo, enfocado y amar el trabajo. La satisfacción mayor debe ser mantener una clientela selecta y estar debidamente orientado. Es bueno lograr que las conexiones creadas te refieran a otras personas interesadas. No desaprovechen las oportunidades inesperadas, digan sí y verán los beneficios que recibirán.

A parte de mi carrera profesional y de mis experiencias en la vida personal como corredora de bienes raíces, he dedicado los últimos capítulos del libro a temas esporádicos de los cuales deseo compartir más experiencias, consejos y anécdotas.

Los Desarrolladores

Este es un tema muy extenso, que no puedo dejar de incluir en mi libro. Como ya les había contado en un capitulo anterior sobre la oportunidad que tuve de trabajar en la Venta Exclusiva de un Proyecto Nuevo y Administración Interina, no pude dejar de incluir esta gran experiencia.

He pasado por experiencias que no quisiera recordar, desarrolladores que quieren tomarnos de tontos, inexpertos y pagarnos lo que ellos quieran. Algunos pretenden pagar a un vendedor especializado en bienes raíces un uno por ciento (1 %) de la venta de cada unidad, porciento que suele ser bastante bajo. Sin tomar en cuenta el trabajo que realizaremos para beneficio del desarrollador. Lo cierto es que una parte importante del trabajo, es la venta, que será hecha por el corredor de bienes raíces. Muchos de los que leen en este momento han pasado por esta experiencia, porque todo corredor de bienes raíces busca la oportunidad de manejar y vender un proyecto nuevo como parte de su profesión. A todos nos pasa, y yo me incluyo.

No tienen idea de la alegría que sentí cuando me aceptaron mi primera y única propuesta para vender y manejar un proyecto nuevo. Recuerdo que hasta el Sr. Ordoñez, me ayudó con la preparación de aquella propuesta. El único problema fue que, como deseaba tanto que me dieran la oportunidad de ser la agraciada, la comisión pedida más baja fue la mía, en comparación con las otras propuestas de vendedores con mucha más experiencia. Obviamente, el desarrollador escogió la mía por el beneficio de la comisión. Mi propuesta pedía una comisión de un 1%, hasta yo hubiese escogido mi propuesta.

El trabajo en este caso era extenuante: ayudar a organizar la pre-venta; buscar y trabajar con la institución bancaria que estaría a cargo de los préstamos; mercadeo y promoción; ayudar a preparar los artículos de periódico para una preventa exitosa; buscar el comprador; recibirlo; lograr la venta; manejar los depósitos; manejar la cuenta bancaria; registrar depósitos y cancelaciones; trabajar con DACO y sus reglamentos; mantener y preparar los reportes de DACO; los reportes de la cuenta de depósito con la institución bancaria; los reportes de ventas y depósitos de compradores; estar todos los días metida en una oficina de venta esperando que los compradores lleguen; atender miles de llamadas; aguantar las pretensiones del desarrollador en algunos contratos; llenar contratos; asuntos legales; clientes problemáticos; exigencias; vicios de construcción; luego, esperar 18 a 24 meses para llevar cada una de esas unidades a cierre.

En ese momento surgen otros mil problemas y situaciones: comienza el tiempo de la economía a flaquear en el 2007, las cancelaciones a surgir por el miedo de los compradores, otros porque no cualificarían, depósitos devueltos por el banco, aguantar la molestia del desarrollador porque entonces todo es culpa de uno, buscar nuevamente otro comprador listo y capaz para volver a comenzar. Después de todos esos años de trabajo y esfuerzos, y si es que no sucede nada que paralice el proyecto, para entonces recibir la famosa comisión del 1%. Si te toca hacer "co-broke", después de todo lo antes mencionado, y las misas sueltas no mencionadas, terminas con un 50% de la comisión que no compensa el tiempo invertido, los malos ratos, ni mucho menos, tus esfuerzos. Entonces nos decimos que, "hemos trabajado todo ese tiempo para el inglés".

Al especializarnos en este campo, merecemos una comisión más justa, dependiendo en qué fase te tocaría manejar el proyecto. Hay dos fases principales en que podrías comenzar a trabajar un proyecto nuevo, y una tercera que sería la excepción:

1. Terminada la construcción, listas las unidades para mostrar y vender.
2. Proyecto no comenzado, ni la construcción, ni permisos con DACO, ni préstamo interino, ni unidades listas para mostrar y vender. ¡Ojo!
3. Proyectos paralizados por un cierto tiempo, ya listos, pero con contratos cancelados. (Excepción)

No debemos abusar de la situación, pero comenzar en un 2.5 % mínimo, dependiendo del tiempo que proyecte el desarrollador que tomará terminar el proyecto y la fase en que comenzarás a trabajarlo. El contrato, sugiero, debe ser uno de exclusividad, para que haya seriedad y compromiso de ambas partes. Cuando un vendedor de bienes raíces trabaja en un proyecto nuevo debe saber que su tiempo y experiencia en el mercado tiene valor. El trabajo y esfuerzo rendido para beneficio del desarrollador debe ser valorizado, por lo que no se debe trabajar gratuitamente ni regalar tu tiempo en asuntos y gestiones que no están relacionadas a la venta si no van a ser compensados correctamente.

Si te dedicas a la Administración Interina, encontrarás muchos problemas; y si caes bajo un desarrollador que no ha hecho su trabajo correctamente, encontrarás más. Este es un tema más complejo, que discutiré más adelante. Conlleva más responsabilidad y no solo tendrás que trabajar con el desarrollador, sino también con los residentes del complejo, que todo lo echarán a tus espaldas; por cierto, el desarrollador no se quedará atrás. Contando con tu peor pesadilla, los vicios de construcción y DACO.

Luego de trabajar mí primer y último proyecto nuevo, se me quitaron los deseos de volver a hacerlo. Aun así debo reconocer que lograr este sueño me ayudó a ganar experiencia en el campo, he aprendido a saber qué hacer en otras circunstancias de características similares. Por dos años y medio estuve manejando dos proyectos al mismo tiempo para el mismo desarrollador. Con este tenía contratos firmados, uno para la Administración Interina y otro para la Venta Exclusiva de un proyecto nuevo. Durante esos meses también logré conseguirle unos terrenos excelentes, en un área exclusiva, con permisos para construir otro condominio y un segundo lote, para mejorar los estacionamientos del proyecto. Acordó me pagaría una comisión de un 2% por la compra de cada propiedad, y con el propósito que después de llevar a cabo la construcción de otro proyecto yo se lo manejara.

Cuando empecé a trabajar en la venta del proyecto nuevo, el mismo se encontraba en la primera fase, ni siquiera se había puesto un bloque en el terreno, no estaban todos los permisos que se necesitaban, se debía registrar el proyecto en DACO y obtener la licencia para el desarrollador. Además, se debían registrar las unidades, el corredor, el contratista y los arquitectos. Luego se adquirió una propiedad adyacente, lo que conllevó el mismo papeleo. Además la demolición de un viejo edificio y la nueva construcción por cambios en los planos.

Luego la segunda fase, preparar mercadeo, publicidad, pre–venta, buscar banco que nos financiara, buscar préstamo interino y suplir contratos firmados, llenar contratos de pre opción, abrir cuenta ("Escrow") para depósitos, informes y reportes a DACO, cartas y papeleo a compradores, ayudar a preparar panfletos, preparación de artículos para publicar en periódico, estar día a día en la oficina de ventas -la cual no estaba habilitada profesionalmente-.

En adición de no poder mostrar las unidades por lo que faltaba de su construcción. Estas y muchas otras dificultades las enfrenté por solo un 1% de comisión de venta. Al mismo tiempo, tenía que cumplir con mi otro contrato de Administración Interina, en un proyecto fuera del área metropolitana. Tenía que viajar largas millas para poder atender el otro proyecto, que todavía no estaba completamente vendido por la empresa de bienes raíces a quien se lo otorgaron. Debía atender todo lo relacionado a la administración interina, condóminos, reglas y regulaciones, vicios de construcción, querellas en DACO, reuniones, y asuntos que no se habían terminado en las áreas comunes que DACO exigía, pero no existían. Para colmo, en medio de todo esto, me veo envuelta en muchas situaciones con los contratistas de ambos proyectos: querellas en DACO, donde tenía que asistir por el desarrollador y con sus abogados.

Líos en corte por demandas de incumplimiento de pago de trabajos realizados por contratistas independientes; condóminos que no cumplían con el reglamento del condominio; arreglos y construcción de áreas comunes que no se habían terminado; venta de los estacionamientos privados y financiamiento, en fin parecía que trabaja la administración interina, de contratista, inspector, y asumir responsabilidades legales que no me correspondían. A parte de los múltiples viajes a la isla y horas extensas de trabajo que no compensaba la paga. Debía prestar atención a llamadas y gestiones en AAA y AEE para resolver permisologia pendiente, instalación de cable tv, buzones, estacionamientos mal estructurados, vicios de construcción, en fin, era una debacle. Es casi un milagro que, dentro de lo poco que recibía como compensación, pudiera realizar mi trabajo. Fueron grandes pérdidas y muchos mal ratos.

Llegó un momento donde el contrato de administración interina se había convertido en uno de venta exclusiva de las unidades aun sin venderse, pero sin contrato. Por existir tantos problemas con la empresa de bienes raíces que manejaban las ventas del proyecto antes de que yo entrara, el desarrollador termino sacándolos. Entonces, fue cuando me adjudicaron las ventas de los apartamentos que aun sin vender, a un 2.5%.

Logré vender varias unidades sin problema alguno. Luego, se complicó la situación, pues los mismos condóminos daban malas referencias de lo que allí sucedía y las ventas comenzaron a disminuir. Habían muchos vicios ocultos, trabajos no terminados o simplemente que el desarrollador no quería hacerlos. Garantías sin cubrir, problemas de plomería, filtraciones de techo, etc. Por esta razón, el desarrollador me exigía más trabajo, fuera de mi contrato de administración y con la misma paga.

Me presionaba con la entrega de la administración interina, pero aun no habíamos alcanzado el 50 % de las ventas, según exigía DACO y lo estipulado en los contratos. Este no pagaba el mantenimiento de las unidades sin vender que le correspondían causando problemas para el pago de las cuentas de las áreas comunes. Andaba como loca, de un lado para otro, resolviendo problemas, visitando agencias, buscando suplidores, dando viajes a diario a veces permanecía hasta de noche para resolver, y por la tardes en el área metro resolviendo las ventas del proyecto nuevo. Tenía que manejar veinte asuntos a la vez por la misma paga de un solo trabajo, uno bajo contrato, y los trabajos adicionales sin contrato,....¡de buena fe!

Se preguntarán en que terminó todo esto. Para hacerles el cuento más corto, durante ese mismo tiempo le presenté al desarrollador unos solares que obtuve para otro proyecto que le interesa desarrollar en un área exclusiva del condado. A este le interesaron, eran inicialmente dos solares de diferentes dueños, la primera venta se dio luego de miles de reuniones y situaciones, pero se me cumplió la comisión pactada. Ya para la próxima propiedad, cambiaron las cosas. En la primera venta me pagó el 2 %, según acordado me pagaría la misma comisión por cada uno los solares, pero en la segunda compra comenzó a actuar raro, evasivo.

Luego que tramité la posible negociación por espacio de nueve meses, envié ofertas por escrito, contra ofertas, negociaciones, trabajé diversas situaciones, cuando llegó el contrato de compraventa y lo entrego con mis observaciones, de acuerdo a lo ya conversado, este se fue por detrás e hizo la venta dejándome fuera de lo acordado y me sacó de los otros dos proyectos sin haberlos terminado. No quiso pagarme la comisión pactada y mucho menos lo que ya había trabajado en los otros dos proyectos. Se hizo el loco y actuó de manera deshonesta, cerró a mis espaldas directo con el vendedor. Todo para no pagarme. Repentinamente me sacó de todos los proyectos que ya llevaba varios años trabajando y no estaban ni siguiera relacionados, con contratos exclusivos de por medio.

¿Vieron por qué digo que hay desarrolladores, y hay DESARROLLADORES? En adición a lo sucedido, lo peor del caso fue que tenía aquel colega y habíamos acordado compartiríamos en co-broke las comisiones del proyecto. Este también me jugó mal. Se apadrinó con el desarrollador por su molestia de no haber cobrado parte de la comisión que me gané por la venta del solar en el área exclusiva que yo le presente. Obviamente él nunca participó de esta transacción.

Finalmente, al desarrollador sacarme, este colega terminó cobrando comisión de los contratos que ya había firmado después que yo hice todo el trabajo sucio y esperé todo el tiempo para llegar a la última fase a punto de comenzar los cierres. El colega que comenzó conmigo y firmamos el co-broke, al que le cerré la segunda oficina, termino cobrando un porciento más alto y trabajando con otra empresa de bienes raíces que contrato el desarrollador a un 4 % cuando a mi me quiso pagar el 1 % compartido con el colega. Para que vean que uno no sabe a veces para quien trabaja. Perdí aproximadamente catorce meses de trabajo, esfuerzos y gestiones, no logré cobrar las comisiones de todo lo que vendí - se las pagaron a otro – y, por último, perdí mucho dinero invertido, que no se ha recuperado hasta el sol de hoy.

En otra ocasión me hicieron un referido para vender otro proyecto nuevo, que había estado varado por espacio de siete años por litigios legales. En este caso la empresa de bienes raíces que manejaba el proyecto antes de que surgiera la situación legal, supuestamente, tenía una deuda con los desarrolladores y estos exigían se les devolviera el dinero. Adelantos pagados durante el tiempo que los otros vendedores trabajaron el proyecto correspondían a una cláusula acordada en el contrato de corretaje. Este era el de adelantar parte de la comisión pactada para cubrir gastos operacionales y administrativos de esa empresa de bienes raíces. Entiendo que estuvieron poco tiempo pues el proyecto estuvo más tiempo cerrado que lo que estuvieron mercadeándolo, pero se llevaron a cabo ciertos contratos de opción. El desarrollador no interesaba seguir con el contrato pactado con la empresa anterior. Quería comenzar nuevamente, pero con otro vendedor de bienes raíces, ahí entra mi referido.

Luego de varias reuniones para a aceptar manejar las ventas del proyecto, estos pretendían pagarme un 1% a un 1.25%, por un periodo de más de 5 años. Al mismo tiempo, según se iban vendiendo las unidades, descontarme de ese 1%, en cantidades prorrateadas, la deuda de la empresa anterior que ellos entendían tenía que ser reembolsada del otro contrato. Con este acuerdo mi trabajo, esfuerzo y tiempo se convertirían en menos de ese 1%, después de las deducciones y reembolso; sin tomar en consideración la frecuencia en que estos surgirían, ya que, por haber estado cerrado por siete años, la mayor parte de las opciones habían sido canceladas.

Me tocaba volver a comenzar, pero con una reputación que los compradores ya tenían en mente. Esto hacía difícil la venta; no era económicamente viable el negocio, porque tenía que comenzar desde cero y las ganancias no cubrirían los gastos, tampoco pagaría mis años de experiencia, ya que los desarrolladores carecían de orientación en propiedad horizontal, administración interina, mercadeo y aspectos legales que también tenía yo que contribuir sin paga alguna.

Después de la experiencia anterior, no acepté la propuesta. Dejé esta experiencia para otros corredores, de manera que tuvieran la experiencia de trabajar con desarrolladores. No todos son iguales, porque hay desarrolladores correctos que saben cuál es su trabajo, sus responsabilidades y consideran al Realtor una herramienta primordial para alcanzar el éxito en los proyectos que desarrollan.

Un corredor de bienes raíces debe analizar con anticipación la fase en la que se encuentra el proyecto que tomará bajo contrato y compromiso teniendo en mente el TDC, una ecuación indispensable:

Tiempo = Dinero = Comisión

- Si un proyecto ya construido se firma por 2 años, lo mínimo para recibir de comisión sugerida debe ser un 2.5 % y el desarrollador cubrirá todos los otros gastos. Siendo comedido, porque en otras ocasiones puede ser mayor la comisión.
- Si un proyecto se firma por más de 2 años sin estar construido, el mínimo de comisión sugerida deberá ser 3 % al 4 %. El desarrollador será responsable de todos los gastos.

Si le ofrecen un proyecto hasta que se terminen de vender todas las unidades, con contrato exclusivo, sin construirse, en proceso de permisos pendientes, y donde usted participará de todas las gestiones y etapas para ese desarrollador, incluyendo tramites con DACO, pre-venta, publicidad, legal, préstamo interino, contratos, venta y cierre, el mínimo de comisión sugerida no deberá ser menos de un 5% mas una clausula de pago por adelantado por gastos y tiempo invertido. - ¿Por qué?- Porque ustedes están haciendo todo el trabajo para el desarrollador; tiempo es dinero, y el tiempo que demore en construir ese proyecto podrá ser de 18 a 24 meses o, si sucede algún incidente que impida la construcción, puede que no lleguen a cobrar sus comisiones. Entonces, sugiero deben poner una cláusula sugerida en su contrato que diga: "De no completarse el proyecto en el tiempo estipulado, el desarrollador pagará al corredor de bienes raíces con contrato exclusivo la cantidad de $1,500.00 mensuales como adelanto antes de recibir las comisiones pactadas por la venta de cada unidad. Este adelanto se considerará como parte de los servicios profesionales ya brindados y no serán reembolsables al desarrollador, si este incumple en no terminar la construcción del proyecto en el tiempo estipulado de dos años o incumple con lo acordado“.

Esta cláusula debe ser verificada por su abogado de confianza para que tenga vigencia en el momento de firmar un contrato “exclusivo de corretaje” con cualquier desarrollador. De esa forma cubrirán por ADELANTADO sus servicios, no sea que se queden sin la soga y sin la cabra o, peor, se tropiecen con un desarrollador inescrupuloso, que por no pagar la comisión pactada se agarre de otros contratos firmados y piense que al incumplir su compromiso se podrá librar de la responsabilidad en todos los aspectos legales en que nos ampara la ley.

Son muchos los trabajos que un corredor de bienes raíces tiene que desempeñar antes de llegar a cerrar un proyecto nuevo. Estos servicios no son gratuitos, ni tampoco la experiencia que se posee. Todo cuesta dinero. Este recibirá una ganancia cuantiosa por la venta de esas unidades y ustedes serán herramientas para adquirir esas ganancias, a través de sus esfuerzos para lograr venderle el proyecto. Exijan una paga razonable por su esfuerzo, tiempo, trabajo y compromiso. Si el desarrollador no está dispuesto a pagar, no tomen el proyecto, vendrán mejores ofertas.

No espere llegar a corte para hacer cumplir lo pactado. Existen desarrolladores que se valen de cualquier maña para no cumplir, tratan de que el corredor se canse para que no reclame lo justo y lo correcto por sus derechos como corredor y por haber brindado un servicio. No lo acepte, luche. Los vendedores de bienes raíces ofrecemos al desarrollador un servicio al librarlo de los inconvenientes, problemas y situaciones que surgen durante el proceso de cualquier venta. Somos "facilitadores especializados", profesionales intermediarios que finalmente logran llegar al famoso cierre para beneficio de todas las partes; creamos tráfico en dos direcciones, no una sola.

Como ya abarqué este tema en el capítulo de "Los Desarrolladores", aquí solamente daré una quía para aquellos que aun desean vivir la experiencia de trabajar un proyecto nuevo. Obviamente, estamos en momentos críticos económicamente a nivel mundial, donde los proyectos nuevos y la construcción se han visto afectados. Se espera que la economía no levante por lo menos de aquí a 20 años o más. He visto desarrolladores que han optado por convertir sus proyectos en viviendas de interés social, con tal de resolver la situación y evitar pérdidas, ya que no se están vendiendo las miles de unidades disponibles en el mercado.

Las cláusulas de un contrato que deben identificarse en un Contrato Exclusivo de Corretaje para Proyectos Nuevos, deben ser revisadas por un abogado o profesional de confianza. Aquí algunas sugerencias que deben ser tomadas en consideración para evitar futuros contratiempos o situaciones legales. Debo aclarar que solamente ofrezco sugerencias basadas en las experiencias aquí relatadas. Es necesaria que sean discutidas según el caso o contrato con un representante legal para que estén protegidos. Es indispensable que el Realtor establezca una cantidad de pago por adelantado por sus servicios antes de que el proyecto comience la venta de unidades, que podrá ser reembolsable al momento que inicien los cierres de ventas o no, según acordado.

Nuevamente, si es que el proyecto está aún en construcción eso implica que el Realtor deberá invertir más tiempo de lo usual mientras el desarrollador termina la construcción de las unidades listas para la venta. En este caso, sería justo que la cantidad que se acuerde pagarle durante ese tiempo que no están las unidades listas para la venta. esa cantidad no sea reembolsable. De lo contrario estaría "trabajando pal ingles", perdería los meses o años que trabajo para el desarrollador sin tener listo el proyecto para que usted realice el trabajo como corredor de bienes raíces.

Ese tiempo no se recupera y la comisión pactada no compensará el tiempo invertido antes de llegar a los cierres para cobrar por los servicios.

Muchos desarrolladores no entienden, ni quieren entender que si contratan los servicios de un Realtor para la venta de su proyecto mediante un "Contrato de Venta Exclusiva" y el proyecto no está listo para entregar las unidades, es justo que ese corredor que lo está representando reciba una cantidad mensual que cubra sus gastos, tiempo, esfuerzo, gastos operacionales, gasolina, entre otros.

Muchas veces pasan hasta dos años y el proyecto, por alguna razón fuera de su alcance y responsabilidad, no está listo o lo paralizaron. ¿Qué pasa con ese tiempo invertido por el vendedor de bienes raíces? Colegas, su profesión y sus conocimientos, añadidos a la experiencia, tienen un valor y este debe ser compensado y considerado por los desarrolladores a quienes se les brindan nuestros servicios profesionales. El Realtor debe exigir, al exigir deberá ser responsable y correcto para que la compensación sea manifestada de forma espontánea y el desarrollador del proyecto reconozca que está trabajando con un profesional que actuará en su lugar, despojándolo de diversos trabajos, inconvenientes con clientes, situaciones legales, papelería, negociaciones, viajes, DACO, y el esfuerzo de poder venderle las unidades.

¿Qué tiempo debería ser pactado en un "contrato exclusivo" de venta en un proyecto nuevo? ¡Ojo!, el desarrollador sin experiencia no tiene la noción del tiempo y los contratiempos que afrontará durante la construcción, permisos, requisitos de

DACO, y duración de venta de las unidades, por lo tanto algunos carecen del significado de esa palabra. El tiempo estipulado en el contrato debe ser pautado de acuerdo a lo antes mencionado. Si el proyecto ya está terminado puede llevarse de uno a dos años, teniendo en cuenta mejores factores económicos, no como los que estamos viviendo hoy día. ¿Cuántos proyectos están varados porque no se lograron vender las unidades?, ¿Cuantos han sido reposeidos por la banca? Si no está terminado entonces abría que considerar que podría tomar 18 meses, o más, que es el término que DACO otorga a un desarrollador, según el Reglamento, para la terminación de un proyecto de vivienda. Si este toma más de lo acordado, ya sería tiempo perdido para el Realtor en lo que llega a cobrar su comisión.

Deben ser bien precavidos al evaluar si vale o no la pena comprometerse en este asunto. Como podrán notar, son muchos los servicios que el corredor ha de proveerle a un desarrollador antes de comenzar a recibir la comisión pactada. Verán que se requiere de mucho tiempo invertido y trámites a gestionar. Los desarrolladores están acostumbrados a ofrecer una comisión de un uno por ciento (1%), o máximo de un dos y medio por ciento (2.5%). Cuidado, hay veces que no quieren salir del 1%, máximo 1.5%, sin tomar en consideración los años que usted dejará mercadeando y trabajando el proyecto, sin cobrar un centavo por sus servicios profesionales rendidos con antelación. Les recuerdo que su contrato deberá ser revisado por un abogado de confianza, para que tenga la validez y eficacia que requiere por ley. También se recomienda que añada una cláusula donde solicitará un adelanto de las comisiones antes de comenzar los cierres, para cubrir sus gastos.

Administración Interina

¿Cuantos han tenido la oportunidad de poder llegar a administrar un proyecto nuevo para un desarrollador? A esto le llamamos Administración Interina. El trabajo conlleva encargarse de la administración de un proyecto de propiedad horizontal antes de que el desarrollador haya vendido el 50% de las unidades y haber entregado la administración a los condóminos. Antes de alcanzar esa venta, el desarrollador tiene que ocuparse de la administración completa del proyecto y de las unidades no vendidas, según el reglamento de DACO, hasta tanto entregue a los condóminos la administración del mismo.

Durante los años que me he dedicado a esta profesión, nunca tuve la dicha de poder obtener dos contratos al mismo tiempo. Se me combinaron dos grandes sueños. Uno, conseguir el contrato de "venta exclusiva" de un proyecto nuevo y el segundo, un contrato de Administración Interina para otro proyecto nuevo. Mediante esta oportunidad obtuve muchos conocimientos en diferentes ámbitos, relacionado a lo que tenemos y no tenemos que hacer como Realtor en este tipo de proyectos; pero, como en todo, tenía que pagar la novatada. Anteriormente, ya había dedicado un capítulo a los proyectos nuevos y hablé un poco de mis experiencias en este particular. Ahora les relataré de lo que es Administración Interina.

Cuando obtuve la aceptación de mi primera propuesta para la venta exclusiva de aquel proyecto nuevo que les mencioné en el capitulo anterior, al mismo tiempo me surgió la oportunidad de otro contrato para la administración interina de otro proyecto nuevo, donde aun no se habían terminado de vender las unidades requeridas por contrato de compraventa que DACO exige que se vendan antes de entregar la administración del condominio a la Junta Directiva electa. Recuerdo que, cuando comencé en este proyecto, eran bien pocas las unidades que se habían vendido, si mal no recuerdo de 6 a 7 unidades solamente. Estas ventas se realizaron a través de una empresa de bienes raíces que estuvo todo el tiempo en el proyecto, desde que estaba en construcción, para ir llevando a cabo la pre venta y, finalmente, los cierres. Cuando llegué al proyecto, me presentaron como la administradora interina para el desarrollador. No tuve muy buena acogida y mucho menos porque también era Realtor, me vieron como una amenaza para los que allí estaban.

Al principio no sabía por qué se daba esta reacción. Pensé que era porque las demás personas involucradas no deseaban una imposición de reglas y tendrían que dejarse llevar por las reglas del desarrollador hasta tanto este estuviera listo para la transición de la administración. Por el otro lado, como era

Realtor, finalmente pude entender la molestia de los colegas que allí estaban trabajando desde hace un tiempo para vender las unidades, ellos sabían cómo era el desarrollador. Mientras yo lo desconocía.

Para hacerles un poco corta mi gran experiencia como administradora interina en aquel proyecto, todo comenzó con la propuesta de mis servicios para administrar desde mi oficina y no desde el proyecto. Tenía que viajar al proyecto una o dos veces para inspeccionar las áreas comunes, repartir memorándums, estar al tanto de problemas y vicios de construcción, que se realizara el mantenimiento de áreas verdes, la limpieza de las áreas comunes, estar al tanto del personal de seguridad y mantenimiento de unidades que aun estaban disponibles para la venta, etc. Después me solicitaron preparara una propuesta para presentarle al desarrollador los gastos aproximados de las áreas comunes que tendría el proyecto para que tuviese una idea de cuánto sería la cantidad mensual que debería depositar en la cuenta de administración del condominio con el fin de cubrir los gastos mensuales que le correspondía pagar hasta tanto llegáramos al 50% de las ventas.

Aquí comenzó la odisea. Cuando el desarrollador vio que tenía que cubrir aproximadamente, en el aquel entonces, unos $1,360.00 en gastos de agua, luz, limpieza de unidades, seguridad, áreas verdes, recogido de basura, casi sufre una ataque al corazón, eso sin incluir mis servicios profesionales, que eran $1,500.00 mensuales -que luego se convirtieron en $800.00 y les contaré porqué-. En este puesto no solo me tocaba llevar la administración interina, sino que, al cabo de los meses, comenzaron a surgir otras responsabilidades que no estaban incluidas en el contrato y, si estaban incluidas, debían ser compensadas por horas invertidas, a parte de los servicios profesionales que me había ya reducido, supuestamente porque eran muchos los gastos operacionales. Honestamente, acepté la contra oferta por tener la experiencia, pero nunca pensé que "terminara como el rosario de la aurora".

Lo primero que experimenté fue que me solicitaron que también interviniera en la venta de las unidades, sin tomar en cuenta el contrato que ya existía con los otros colegas, aparentemente no estaban vendiendo como él esperaba, por lo que estaba molesto. Los colegas no vendían por los problemas que existían en el proyecto. Por ética profesional, traté de evitar estas nuevas imposiciones, pero el desarrollador no conocía la ética. Tanto estuvo este intentando que yo interviniera, me puso de frente a los colegas para que desempeñara parte del trabajo que a ellos les correspondía hacer para el desarrollador dentro de su contrato de ventas.

Terminé manejando y encargándome de todo los cierres, recogiendo los informes de depósitos, cheques de sobrantes de cada unidad vendida, situaciones y problemas con vicios de construcción, inspecciones de unidades vendidas, arreglos y reparaciones, como si fuese un representante directo del desarrollador, aparte de ser la administradora del proyecto. No podía decir que no, porque ya me había comprometido a llevar a cabo el trabajo de administrador interino. El desarrollador se vio en problemas con los Realtors y terminó sacándolos del proyecto, incumpliendo con el contrato que habían firmado.

Finalmente, comienzo yo a hacer doble trabajo: administración interina y oficina de ventas. Vendí muchas unidades, resolví miles de problemas y situaciones que día a día surgían en el condominio. Tuve que encargarme de terminar trabajos que no fueron terminados y requeridos por DACO. Instalar las luces de las áreas comunes de los estacionamientos para evitar robos, instalar antenas de cable TV de las que se habían obviado la cabrería con tal de brindar el servicio a los condóminos: instalación de portón de seguridad, instalación del servicio de entrada telefónica, instalación y gestiones con el correo para recibo de cartas así como los buzones, arreglos de vicios de construcción, desvíos de agua negras, cambios de puertas de entrada, problemas de plomería, filtraciones de techo, arreglo y construcción de estacionamiento porque no tenían los pies cuadrados requeridos, reubicación de arboles, numeración de unidades, entre otros trabajos.

Cuando vine a ver estaba involucrada hasta en citaciones en corte con los abogados del desarrollador para resolver demandas por falta de pago de trabajos realizados que se negaba a pagar, reuniones con abogados por diferencias y problemas con el contratista del proyecto, luego problemas con la autoridad de energía eléctrica por ciertos permisos que no habían sido completados. Lo que mayormente me preocupó fue cuando comenzaron las querellas en DACO por los mismos condóminos y los reclamos por vicios de construcción que el desarrollador se negaba a reparar.

Tenía que estar más de dos días en el proyecto y los sábados en la oficina de venta esperando horas muertas que alguien llegara interesado en el proyecto. Cuando se logró vender el 55% de las unidades comencé a prepáranos para la entrega y la transición de la administración interina a los condóminos. Llevé a cabo la reunión para escoger el consejo de titulares del condominio donde se formaron como cincuenta discusiones, peleas, reclamos, hasta nos insultaron. Mientras todo esto ocurría el desarrollador no aparecía "ni por los centros espiritistas". Solía esconderse para evitar el reclamo de los condóminos. Recuerdo que en ocasiones solía visitar el proyecto, para tener su aprobación de algún trabajo, casi disfrazado para que no lo reconocieran. Pero los condominios los reconocían. El abogado y yo dábamos la cara por él. Cuando logré que se eligiera la Junta Directiva y el grupo que manejaría la transición de la administración interina a los miembros de junta, entonces comenzó la situación más crítica. Se exigían por parte del desarrollador unos informes, los pagos de mantenimiento que correspondían al desarrollador por aquellas unidades aun disponibles, los arreglos pendientes por vicios de construcción y defectos, en fin, había ciertas cosas que no habían sido resueltas y el desarrollador no reaccionaba. Cuando me tocó comenzar a recoger las cuotas de mantenimiento de los condóminos surgieron otros problemas. Algunos retenían las cuotas porque no se les había cumplido con los arreglos pendientes en sus apartamentos. También me tocaba continuar con la venta de los estacionamientos independientes que tampoco se había comenzado a cobrar según acordado, desde el contrato con la primera empresa de bienes raíces que trabajó en el proyecto. Muchos no habían comenzado a pagar. Eso fue otro problema adicional.

Existía un gran problema interno con los condóminos y el desarrollador, por la falta de cumplimiento de cubrir los defectos y vicios de construcción en las unidades vendidas. A parte, los condóminos sentían que todo se debía a que el desarrollador y su abogado eran familia. El abogado del desarrollador era su cuñado y los condóminos entendían que ambos se cubrían y, por tal razón, no se llevaban a cabo los trabajos que DACO exigía se completaran en tiempo razonable cuando se entregaban las unidades vendidas a sus respectivos dueños. Así pasamos muchos meses, hasta el momento en que los miembros de la Junta Directiva hacían sus reuniones por las noches y coordinándose para cuando llegara gente interesada en las unidades los ahuyentaran comentándole lo que allí sucedía con el desarrollador.

Por supuesto, yo para algunos era un monstruo porque trabaja para el desarrollador, me consideraban igual; sin embargo, pude desempeñarme de manera que fuese la correcta y la que me correspondía independientemente del comportamiento incorrecto del desarrollador. De repente, con las malas recomendaciones que se estaban dando del proyecto a los posibles compradores las ventas comenzaron a bajar y a bajar.

El desarrollador, luego de haber sacado del proyecto a los que inicialmente comenzaron, trajo a otra Realtor para la oficina de ventas, ésta a su vez presentó a su esposo, quien se dedicaba a la permisologia. Esta señora comenzó a vender unidades a través de una financiera que no era el banco que tenía el préstamo interino, manejando los cierres, haciendo concesiones fuera de lo regulado y aprobaciones rápidamente. Por otro lado el marido también fue contratado para resolver los permisos que el desarrollador aún no tenía. Esta desempeñó varias ventas, hasta que el desarrollador comenzó con el problema de la comisión que le pagaba; además, el banco que tenía el préstamo interino del proyecto no estaba recibiendo los cierres de las unidades y comenzaron a reclamar. Se sabía que la nueva vendedora se estaba llevando los casos para otras instituciones o financieras donde ella obtenía ventajas por las relaciones que tenía con estos, pero se efectuaban los cierres. Como siempre yo me encargaba de recibir los cheques del desarrollador, los depósitos, reporte de venta, e inspecciones de unidades antes de cada cierre efectuado. En fin, estaba a cargo de todo.

Luego comenzaron los problemas con las reparaciones de las unidades que aun tenían defectos y vicios de construcción, pues para venderlas había que repararlas primero. Un día surge la venta de la unidad que se usaba como oficina de venta, esta pertenecía al desarrollador, pero la clienta no quería el estacionamiento asignado. Los mismos ya están asignados por planos aprobados por ARPE, no se podían cambiar. Solo restaba comprar un estacionamiento adicional, pero ya no quedaban disponibles. Por lo tanto, tenía que aceptar el estacionamiento que le correspondía con la unidad. De buenas a primeras, llego al condominio sin avisar y me encuentro que estaban cambiando los números de los estacionamientos con un embace de pintura en "spray" para poder vender la unidad que pertenecía a la oficina de venta. Esto me molestó, porque no era lo correcto. Lo notifiqué al abogado, cuñado del desarrollador, este así lo notificó al desarrollador, pero no le importó y el abogado llevo a cabo el cierre pese al cambio ilegal que el esposo de la Realtor había hecho.

Continuaban los problemas. Sacaron a la nueva vendedora y me pidieron que continuara vendiendo las unidades restantes. Como les mencioné anteriormente, las ventas bajaron, el banco exigía más, por lo que el desarrollador optó por un trato fuera de lugar. Entre gritos, malas crianzas, faltas de respeto, cheques sin fondos, finalmente la situación se convirtió intolerable. Tuve que apresurarme con la transición para entregar la administración interina a la Junta Directiva del condominio. El desarrollador no hacía los depósitos que le correspondían hacer a la cuenta para poder llevar a cabo los pagos de gastos de las áreas comunes, los cheques revotaban y no le pagaba a nadie. Hasta los míos llegaban devueltos sin fondos.

En ese momento, le había conseguido que comprara otra propiedad para un nuevo proyecto en el área de San Juan. Para mi sorpresa, cerró la negociación a mis espaldas, luego de que estuve nueve meses trabajando la negociación con miles de contratiempos.

Cuando le reclamé por su actitud poco ética, este me sacó de todos los proyectos de forma abrupta, dejándome de pagar lo que me adeudaba como administradora, del proyecto nuevo que no habían comenzado los cierres sin la comisión pactada por la venta de la propiedad adquirida. Luego de tantos esfuerzos y viajes, mi trabajo se consideró gratis, porque no me pago. Después de haberme sacado de todo, aun con contratos firmados, me tocó trabajar entregando la administración interina y documentación pertinente a la transición. Cumplir mi responsabilidad a cabalidad hasta el último momento, pese a la situación tan tensa que vivía. Se tornó en una satisfacción personal, y sufrí de grandes pérdidas.

Quiero decir que esta fue una experiencia única, no sólo aprendí a resolver miles de situaciones que nunca imaginé, viví momentos que me sirvieron de gran experiencia, adquirí conocimientos legales y pude apreciar los esfuerzos y las situaciones por las que muchos de nosotros pasamos. Estas dos experiencias me ayudaron a ver que, cuando se hace un contrato, sea el que sea, hay que mantenerse al margen con los trabajos que puedan surgir fuera de lo pactado, porque no te llevarán más que a pérdidas. El dinero no siempre compensa los esfuerzos realizados. Sean precavidos y selectivos. No siempre el mejor trabajo es el adecuado.

"Entrepeneurs" Empresarios en Bienes Raíces

Si todavía continúas con el interés por hacerse un corredor de bienes raíces, graduándose de esta profesión tan codiciada, les exhorto a que se unan a cualquiera de las Asociaciones de Realtors que existen, ya sea la Puerto Rico Association of Realtors, el San Juan Board, o las divisiones de Caguas, Ponce o Mayagüez. Muchos entran a la profesión sin saber cómo van a subsistir en esta mala economía que nos acecha. Intentan comenzar sin experiencia, sin conocimientos, con miles de requisitos por parte de la banca y sin la guía de cómo hacer las cosas. Siendo miembros de cualquiera de estas asociaciones les ayudara a tomar diversos cursos educativos que los orientaran a entender cómo actuar en algunas situaciones que han sido experiencia de otros y las comparten.

Hoy día hay muchas ventajas para convertirnos en expertos profesionales en bienes raíces, claro, si queremos dedicarnos a la profesión 100%, pero si la vas a llevar un día sí y cinco no, mejor búscate un empleo. Aquellos que interesan hacer de la profesión su herramienta principal de trabajo e ingresos, a base de comisiones por venta de propiedades deben mantener la educación continua y adquirir conocimientos día a día a través de las experiencias. Aprovecha los estudios continuos, seminarios ofrecidos por las diferentes asociaciones antes mencionadas, la banca, el conocimiento de aspectos legales, y de otros vendedores de bienes raíces que se dedican a ofrecer conferencias o seminarios. También sugiero tomar cursos para obtener certificaciones que ofrece la NAR (National Association of Realtor)

Pertenecer a Asociaciones como ICSC que se dedican a la rama comercial, dueños de Centros Comerciales y "Retailers" o franquicias, en fin hay muchas opciones. ICSC ofrece membrecía, base de datos, convenciones anuales en las Vegas, Tokio, Panamá, para aquellos que interesan seguir la rama comercial. También tenemos los directorios en la internet, como Point2Agent, Loopnet (information@Loopnet.com), GlobeSt.com, Deal Makers, Email Blaster, General Leads, utilizados por los profesionales en bienes raíces para intercambiar opiniones También pueden visitar este enlace: http://twitter.com/RetailRENews.

Además, podemos visitar oficinas gubernamentales para obtener información sobre proyectos nuevos o desarrollos, conteo de tráfico en carreteras, población, ingreso per cápita o de familias, encuestas, etc.; datos necesario para los listados. Toda esta información siempre es útil para saber un poco más de la profesión en que te desempeñarás. Nunca estará de más el obtener más información de la necesaria, siempre habrá un momento en que la tendrás que utilizar.

Contratos

Les recuerdo y exhorto que todo contrato debe ser siempre revisado por un abogado, uno especializado en bienes raíces, pues tiene los términos y cláusulas más recientes a añadir. Estos abogados están más relacionados a los últimos casos vistos en corte donde se ventilan controversias entre cliente y Realtor, entre comprador y vendedor y donde, en muchas ocasiones, los corredores se han apropiado de las opciones ilegalmente. Así como casos por incumplimiento de contratos y cobro de comisiones no pagadas.

Siempre es bueno y efectivo que el representante legal tenga conocimiento de las leyes actuales, para que pueda prepararse en caso de que tenga que improvisar una cláusula, o que la tenga que redactar correctamente para que tenga validez en corte. En ocasiones hay que prever cualquier situación que pueda avecinarse y así evitar problemas futuros.

Hay situaciones que surgen desde el momento en que el cliente firma un contrato que pueden llegar a un litigio. Aquí podrán darse cuenta de inmediato que tendrán que cuidarse de cualquier situación legal que pueda surgir en su contra y la única manera de protegerse es mediante la firma de un contrato bien redactado. Recientemente han estado ofreciéndose muy buenos cursos para su protección y conocimiento sobre contratos de bienes raíces con la venta de un diskette informativo.

Por mi seguridad, siempre incluyo cláusulas sobre cualquier situación que pueda surgir fuera del contrato original como, incumplimiento entre las partes, acuerdos adicionales y, siempre, librándome de responsabilidades en caso de omisión o divulgación por parte de los vendedores. Los contratos son indispensables, úselos y oriéntese legalmente, les librará de muchos problemas y situaciones legales futuras.

Recuerdo que en una ocasión obtuve un listado de venta de una propiedad en Bayamón, estuve casi dos años con esa propiedad, me tocó hacerle unas remodelaciones, cambios interiores, hasta llevar un espiritista, el colmo, aunque no lo crean. Estas son cosas que uno mismo ni lo cree, la dueña entendía que no se vendía su propiedad porque los vecinos le habían hecho un brujo. Pero no era esa la razón, sino que estaba cerca de un caserío en adición la propiedad estaba descuidada. Después que estuve tantos meses e hice todo lo que pude en poner la casa en condiciones mejores y más atractivas, pese a lo que nos afectaba y a las pretensiones absurdas y creencias de la dueña, un día me dijo que cambiaría de Realtor. En ese momento casi sufro de un ataque al corazón doble, y la ira de haber perdido mi tiempo y esfuerzos para finalmente no fuese yo quien me ganara la comisión que por tanto tiempo trabaje.

Cuando llego la Realtor nueva, de una compañía muy reconocida, para mi suerte conocía y habíamos trabajado juntas. Cuando esta colega logra vender la propiedad, por muchísimo menos que lo que la vendedora quería surge una situación donde tuvieron que llamarme. ¿Saben qué? Cuando comencé a hacer las reparaciones y arreglos le hice firmar a la dueña un contrato donde se le añadió un gravamen a la propiedad por los arreglos, mis servicios profesionales, e interés al momento de la venta ya que acordó pagarme lo invertido al cierre. Asunto que me favoreció. Con ese gravamen, mediante un pagare en el registro de la propiedad para que constara la inversión, que se hizo a través del abogado.

Al momento de la venta a través de la otra colega, salto el gravamen y el pagare. Me tuvieron que llamar para la presentación y cancelación del pagaré y pagarme la deuda. Terminando la vendedora con bien poco sobrante, la Realtor nueva le cobro un 5% de comisión, tuvo que pagarme mi deuda con intereses por los dos años, más los gastos legales que correspondían a la transacción. Si se fijan aquí me salvo el contrato y el pagare que inicialmente se firmo con el cliente. Como verán que este tipo de acción les puede suceder y si no están protegidos no cobran ni una cosa ni la otra. Mi comisión en el contrato anterior era de un 2% a diferencia de un 5% que le acepto al otro Realtor, vendiendo la casa por muchísimo menos, tuvo que pagar por mi trabajo y pasar por la mala experiencia de haberme hecho la jugada de comunicarme que utilizaría los servicios de otro corredor después que le dedique tanto tiempo y esfuerzos. Si no llega a ser por el contrato y el pagaré no hubiese podido recuperar lo invertido, para eso son los contratos. - ¡úsenlos!

Definición de la "Regla de Oro" o Ley Dorada

Entiendo que es imprescindible que después de todo lo que les he contado es necesario que les recuerde el significado de la famosa Ley Dorada de Ética. Referencia para que se dejen llevar en todo lo que realicen en la vida. Este significado fue tomado de la referencia que aparece en Google.

"Regla de Oro o Ley Dorada", son denominaciones para un principio moral general que puede expresarse: trata a los demás como querrías que te trataran a ti (en su forma positiva) o no hagas a los demás lo que no quieras que te hagan a ti (en su forma negativa, en esta forma también conocida como regla de plata). Se encuentra bajo distintas formulaciones en prácticamente todas las culturas, religiones o filosofías, como una regla fundamental (la referencia al oro se hizo por su consideración como el más precioso de los elementos). Su universalidad sugiere que puede estar relacionada con aspectos innatos de la naturaleza humana. Quien la aplique tratará con consideración a todos los seres humanos, y no solo a miembros de su grupo. Se considera a la regla de oro la base sobre la que partió la reflexión teórica y el proceso histórico que condujo a la formulación de los derechos humanos; aunque identificar ambos conceptos es anacrónico.

La regla de oro no consiste en la afirmación de determinadas conductas o en la imposición de valores afirmativos o positivos (como sucede en las doctrinas dogmáticas), sino que preconiza una dinámica de relaciones intersubjetivas basada en el sentido común y en el principio de no agresión. La primera enunciación escrita de la regla de oro se encuentra en un texto narrativo del Imperio Medio egipcio llamado "Historia del Campesino Elocuente".

En el griego Epicuro la regla de oro se entiende como ética de la reciprocidad: minimizar el daño, de los pocos y de los muchos, para así maximizar la felicidad de todos (véase también ética y reciprocidad). John Locke propuso los derechos a "la vida, la libertad y la propiedad". Para Locke, el propio cuerpo es parte de los bienes de un hombre y, por tanto, sobre él se ejerce un derecho a la propiedad que teóricamente garantiza la seguridad de las personas al igual que la de sus posesiones.

El filósofo alemán Hans Reiner (1896-1991) distinguía diferentes formulaciones de la regla de oro: la regla de empatía, que parte de nuestros deseos o temores (lo que tú mismo temas, no lo hagas a los demás, lo que deseas, hazlo a los demás), y la regla de la equidad, que parte de nuestros juicios de valor (lo que reprochas a otros, no lo hagas tú mismo; debes actuar como juzgas que los demás deben hacerlo.

Thomas Nagel (1970) propuso repensar el altruismo de forma objetiva sobre la base de la ética de la reciprocidad. En los años 1990, Enno Winkler desarrolló un código de ética universal, en el que la regla de oro está incluido como un mandamiento para las relaciones interpersonales en ausencia de empatía: Respete al otro como a ti mismo! George Bernard Shaw (1898) estableció una evidente precaución a la aplicación de la Regla de Oro en sentido activo o positivo: no hagas a otros lo que quisieras que te hagan a ti. Sus gustos pueden no ser los mismos.

Finalmente quise hacer mención de esta Regla tan importante en el manejo de nuestra profesión así como en las relaciones humana interpersonales con los demás. No dejen de aplicarla en su diario vivir, créanme es imprescindible el respeto a los demás y a uno mismo.

(Recuperado de "La Regla de Oro" de Google)

Disfrutemos de las Anécdotas

Anécdotas son aquellas

experiencias

que no olvidas.

ANÉCDOTAS

Muchas de las anécdotas que he vivido me han servido de experiencia, algunas jocosas, otras problemáticas y otras escalofriantes, pero, si las mencionara todas, el libro podría llegar a mil páginas, entonces solo se escogieron algunas.

Comencemos con una anécdota que aún, cuando la recuerdo, me río de la vergüenza que pase, la impresión y expresión de los clientes. ¡Cómo olvidarla!...

La Inesperada Caída

Resulta que me habían llamado unos clientes que vinieron de Estados Unidos para que les manejara una propiedad que tenían en Puerto Rico para alquilar; una residencia de inversión de tres unidades. Esta requería varias reparaciones antes de poder alquilarse. Cuando acudí a la cita comenzamos a recorrer la propiedad y sus alrededores. Como siempre, tengo la costumbre de no cargar con un par de zapatos bajos para caminar por terrenos no muy planos; aunque siempre tomo la debida precaución, ya que ando mayormente en tacones. Sin importarme que sean fincas las que visitare. Resulta que mientras ellos muy animados y tranquilamente me mostraban la propiedad por fuera, o sea el patio, de repente me tropecé con una de esas lozas de cemento que ponen en la grama para caminar sobre ellas, se me enredó el taco y me fui de frente; como no había de dónde aguantarme caí en la grama en cuatro patas. Cuando los clientes miraron hacia atrás yo estaba en el suelo, tratando de levantarme. La cara de asombro de aquellos americanos valía un millón de dólares, corrieron a socorrerme pensado en que podría surgir una situación legal, una demanda. Me levante lo más rápido que pude con la ayuda del caballero e inmediatamente les dije, "No se preocupen, no sucedió nada, es parte de la visita".

Así los hice reír y se tranquilizaron. La inesperada caída propició que me dieran el contrato. Estuve dos años y medio manejando la propiedad, la arreglé y gané mis buenas comisiones. Luego la vendí, y también gané esa comisión. Como verán hay situaciones inesperadas que ayudan a obtener negocios sin tanto esfuerzo.

¡El brujo que venda!

En otra ocasión había listado una propiedad en Bayamón, pasaron casi dos años y esta no se vendía. Me tocó hacerle arreglos a la propiedad, por dentro y por fuera, para ponerla más atractiva. Para mi sorpresa, pasado un tiempo sin venderla, un día la dueña me comenta que esa casa, desde que la adquirió, tenía algo extraño y que tuvo que traer un espiritista para que le hicieran una limpieza. ¡Ay mi madre, no podía creer lo que estaba escuchando! Como aquí en Puerto Rico hay muchas personas creyentes en esa religión, tuve que tomarle la palabra a la dueña. Esta me pregunto si conocía a un espiritista para que viniera a limpiar la casa nuevamente, pues ella creía que aún tenía algo raro y por tal razón no se había vendido. Fue tanta la insistencia de la dueña que acude a un amigo para que me orientara sobre cómo y dónde conseguir un espiritista que viniera a hacer una limpieza a la casa. - ¿Qué uno hace en esta situación? -

Hablé con ese amigo para que me recomendara un espiritista con tal que la clienta se sintiera a gusto. ¡A lo que uno tiene que llegar en esta profesión! Llevé al hombre a la casa, este llegó con una serie de potes y baños para limpiar la propiedad. La dueña estaba encantada por la ayuda que le había brindado. Luego de la supuesta limpieza del brujo esta pensaba que se vendería la casa, pero no fue así. La verdadera razón por la cual no se vendía la casa era por quedar muy cerca de un residencial público. Esto ahuyentaba a los compradores; no era necesario envolver a algún espíritu o fantasma en la venta. El problema era la "ubicación", no la necesidad de un espiritista.

En situaciones como esta, no puedes contradecir al cliente, tienes que seguirle la corriente. Finalmente, se vendió la propiedad. La dueña estaba agradecía, no por mi trabajo, sino el brujo, estaba convencida que fue quien ayudo a vender la casa. Aunque no lo crean esto es parte de nuestros servicios, hacer que el cliente quede complacido y que se venda la propiedad.

¡Espíritus Ocultos!

En otra ocasión había listado una mansión en un área exclusiva de Guaynabo, por dos años y medio no se vendía. En este caso no era la ubicación el problema, eran las condiciones de la casa. Estuve alrededor de siete meses trabajando la misma con un contratista hasta ponerla en las condiciones necesarias para atraer un "novio" que se enamorara de aquella propiedad. Recuerdo que fueron varias personas célebres a ver la propiedad. En una ocasión fue un conocido artista con su esposa y, al terminar de caminar la casa, ella se me acerca sigilosamente y me comenta - ¡Disculpe, pero esta casa tiene algo raro, no me gusta! El esposo ya había hecho miles de planes con la casa, hasta que la esposa dijo que NO, ahí se cayó la venta. ¿Qué se hace en ese caso? Por experiencia, es obvio que como Realtor no puedes llevarle la contraria al prospecto y mucho menos a la esposa del posible cliente. ¿Por qué? Porque las mujeres son las que deciden y ella dijo que no le gustaba, por sus razones. En ese momento no hice más que agradecerle la oportunidad de haberles mostrado la propiedad. Sin embargo, me quede pensando en el comentario, pues no entendía porque una propiedad con tantos atributos podría tener algo raro.

En otra ocasión decidí llevar a cabo un "Open House" aun buscando ese "novio" y que no me repitieran que había algo raro en la propiedad nuevamente. Pero para mala pata un vecino vino a ver la casa por curiosidad, ustedes saben de esos que viene sola a averiguar y opinar. Sin embargo, este se me acerca y comenta que allí habían encontrado al dueño anterior muerto en una mecedora. - ¡Ay Dios mío, ¿qué más iba a pasar? - me dije a mí misma. Esto no lo sabía, ni el dueño actual me lo había comentado. Luego, durante los meses que trabajamos la casa el contratista me mencionó que no me quedara sola después de las

3:00pm de la tarde, la hora en que ellos salían, porque se escuchaban ruidos extraños.
En la casa vivía un señor que cuidaba de la misma y permanecía en la propiedad en un cuarto de abajo, de la servidumbre, pero los fines de semana se iba a su pueblo porque no le gustaba quedarse.
Después que terminamos de remodelar la casa quise aprovechar a cambiarle la posición de la cama a este caballero que día a día velaba por la propiedad celosamente, pero no me dejo porque no le gustaba la idea de tener la cama con los pies hacia la puerta de entrada de la habitación. Asunto que me causo gran curiosidad. Igualmente note que siempre tenía un crucifijo grandísimo al espaldar de la cama, que me decía era por protección. Me tomé la confianza de preguntarle - ¿por qué no quería que le cambiara la cama de posición que la acostumbrada?-, pues ya había hecho cambios en todas las habitaciones y por ende en toda la casa. Sorprendentemente, este me contestó que, en ocasiones la dueña de la propiedad -que ya había fallecido- parecía estar

allí. Imagínense como me quede – ¡en una pieza y tiesa! Ahí me preocupe.

En varias ocasiones que me quedé sola trabajando en la propiedad, a pesar de las recomendaciones del contratista, había notado algo muy peculiar en la escalera de la casa que subía al segundo nivel. Esta en ocasiones se llenaba de moscas y lo más curioso que solamente sucedía en esa área de la casa y no sabía de dónde provenían. Se escuchaban ruidos raros, pero yo actuaba tranquila o simplemente decía en voz alta y al aire libre - "fulana déjame trabajar y terminarte la casa". Pensarán que estaba loca, pero lo hacía para darme valor y terminar mi trabajo lo más pronto posible. Finalmente, vino un caballero preguntando por una dirección cerca del lugar y me pidió ver la propiedad, ya que se había enterado estaba para la venta. El señor la caminó completa y cuando bajó me dijo - "¡Hermosa vista, pero va a tener que darle una limpia en las cuatro esquina, sino no, no podrá venderla!". "Hay mi madre a mi casi me da un ataque, no podrán creer el escalofrió que me dio al escuchar aquello". - Ya eran muchas las casualidades y el que me hicieran el mismo comentario diferentes personas. Entonces le comenté al dueño y este tranquilamente me dijo que solo eran comentarios de la gente que no prestara atención. Analizando un poco más allá los comentarios recibidos y las cosas que pasaban en la casa que decidía ocultarle al dueño para evitar que el pensara que estaba loca, decidí comentarle a su secretaria para que enviaran un cura a la casa. El visito la propiedad y finalmente pasado unos tres meses por fin fue vendida. ¡Aleluya!...

No puedo explicarles esta experiencia con mucha base, solo puedo decirles que hay momentos donde hay que escuchar, creer y actuar para lograr lo que se busca. Aunque le parezca extraño, pues no crean para mí no fue fácil.

¡A correr se ha Dicho!

Terminada la casa de la anécdota anterior, tuve otra experiencia en la misma propiedad que acabo de mencionar. Una noche andaba con una clienta cenando, esta me pide que la llevara a ver la mansión que por tantos meses le había estado hablando y que aun no había podido vender. Era de noche, ya le había dicho que la propiedad gozaba de una vista espectacular y estaba intrigada por ver la casa. Decidí llevarla a pesar de que era tarde y no me agradaba la idea de visitarla de noche, llegamos a eso de las 8:45 pm, subí la cuesta que nos llevaba a la casa, porque quedaba en el tope de una meseta. Al llegar a la entrada me encuentro con que las luces de la marquesina estaban apagadas. Parece ser que el señor que allí trabajaba olvido dejarlas encendidas. Orden que se le había dado cuando en fines de semana se iba a su pueblo y regresaba lunes. Ya estacionada frente a la propiedad mientras me dirigía a encender las luces de la marquesina, una a una, ellos permanecieron dentro del carro, o sea la clienta y sus dos nietos. Cuando llego a encender cada una de las luces escucho que me llama la clienta de forma alarmante, voy al carro para decirles que se bajaran. En eso me encuentro que uno de los nietos estaba llorando desconsoladamente, la clienta me dice que el niño lloraba porque antes de yo encender las luces él vio en la ventana de arriba a una mamá peinando a su niña, y que por yo encender la luces ellas se fueron. Imagínense mi cara, mi expresión era la de – ¡No puede ser! - Cuando pregunto dónde el niño vio tal cosa o escena relatada a su abuela, el niño apunta a una de las ventanas del área familiar, pero todo estaba oscuro. Allí no había persona alguna en la casa, se suponía estaba sola. El niño continuó llorando y a mí me entró un pánico que no sabía cómo disimularlo. La clienta me comentó que eran tonterías, que bajáramos a verla. Insistió, pero yo estaba aterrorizada. Decidí hacerme la valiente y no prestar atención al comentario del niño. Procedí a entrar por el lado de la piscina que le daba la vuelta a la casa evitando la puerta de entrada que se encontraba al lado de la ventana que el niño había señalado. Según entraba en la propiedad más miedo me daba, al punto que ya a mitad del camino salí corriendo, me monté en el carro y les dije: - ¡Nos vamos! - A la clienta no le interesó ver la propiedad nuevamente, obvio. Una vez más, por tal razón la bendición de un cura fue necesaria antes de venderse la famosa casa. Estas son anécdotas que se cuentan y no se creen, pero créanme yo pensé que esto solo sucedía en películas.

Por mi culpa se bañaba con la manguera

En otra ocasión, cuando vendía muchas casas reposeídas que requerían de grandes trabajos, vendí una casa en Toa Alta a la que le habían llevado hasta la bañera. ¡No van a creer esto! A pocos días de haberles entregado la llave, me llama la esposa y me menciona que el marido se estaba bañando con la manguera en la marquesina. El señor estaba furioso porque, por mi culpa, no podían utilizar el baño. Ellos habían inspeccionado la propiedad como de costumbre en este tipo de venta de casas reposeídas y sabían que no tenía bañera. Todos sabemos que este tipo de propiedad según el tiempo en el mercado, aprovechan y le llevan hasta los clavos de las puertas. Entre los arreglos que necesitaba la casa, ellos debían tener esto en cuenta. Aun así, para ellos, yo era la culpable. ¡Qué pantalones! No falla que el Realtor siempre tiene la culpa por cosas que no están relacionadas a nuestro servicio. Créanme por poco le regalo al cliente una manquera mejor a la que tenia con tal de que me quitara el sello de culpabilidad de encima. Suena sarcástico pero son experiencias inesperadas por cosas básicas que no están relacionadas a nuestro servicio.

Divorciados al Ataque

Estos son los mejores casos. ¡Aquí hay de todo! Tuve un caso de divorciados donde el día del cierre, me la pase corriendo de un cuarto a otro tratando de complacer a ambas partes, de lo contrario yo sería la mala y no se cerraría el caso. Ese fue uno de los cierres más difíciles que he tenido, tuve primero que ser Realtor, luego siquiatra, consejera y, finalmente, intermediaria entre las partes; de lo contrario no había cierre. Por fin se hizo el cierre, pero tuve que preparar como veinte documentos para que ella estuviera de acuerdo, correr de un lado para el otro, llevando y trayendo papeles, hasta que ella estuviera conforme y finalmente firmara. Parecían perro y gato. ¡Una odisea! En este tipo de caso lo más importante es que la parte femenina confié en ti y a la misma vez convencer al esposo que la mejor opción es complacer la ex, de lo contrario saldríamos dos perjudicados, primero él y detrás yo.

¡Sales conmigo o No compro!

Este caso fue uno bastante aislado y de mal gusto. No me había encontrado con una situación como esta en los años de experiencia. Me surgió una propiedad por una parcela en Toa Alta. Era una propiedad de herencia, de esas difícil y complicada, con muchos herederos y sin documentación legal alguna preparada. Ayude a los vendedores desde el proceso de buscar un abogado para que preparara las declaratorias de herederos y toda la documentación necesaria para los herederos que vivían parte en Puerto Rico y otros en los EU. La propiedad no era una muy buena que diría pero en ese tiempo tomaba lo que me apareciera. Luego de haber pasado muchos meses en preparación de documentos legales y escritura de la propiedad logre opcionar la misma a un comerciante de una cadena de supermercados del área. Este caballero quería la propiedad para su hijo, sin embargo el joven no tenia crédito por lo que su padre intervino dándole la firma para poder cualificar. Después que ya tenía el contrato firmado y el banco aprobado, el comprador - un señor de edad y de mucho dinero- comenzó a tratar de enamorarme y a chantajearme, diciéndome que tenía que aceptarle sus invitaciones de salidas o no cerraba la compra. El caballero no solo era casado sino que era un cínico manipulador que quería combinar placer propio con negocio. Como no acostumbro a salir con mis clientes, y mucho menos para lograr una venta finalmente como no acepte sus insinuaciones el hombre no cerró. Al cabo de los meses, me entero que el comprador lo que realmente buscaba era la oportunidad de que yo aceptara sus pretensiones; y ya había conversado por detrás de mis espaldas con los vendedores para hacer que ellos le vendieran directamente por menos precio. Esta jugada fue doble, los compradores aceptaron para no pagarme la comisión y el caballero por negociar directamente con los vendedores para su beneficio. Los vendedores demostraban ansiedad de vender porque eran muchos herederos y aunque no les tocaría mucho lo que querían era el dinero. El comprador se aprovechó de la situación logrando conseguir la propiedad por un precio mucho más bajo que lo que había tasado anteriormente. No olviden que el caballero ya había pagado por la tasación cuando tenía contrato conmigo y sabía cuánto había tasado la propiedad. Finalmente cerró directamente con los vendedores. Este caso me tomó casi un año porque la propiedad era un caso de herederos y después de haber tramitado todos los papeles de declaratoria de herederos, que ni siquiera radicaban en Puerto Rico, estos aceptaron el cierre por fuera de mi contrato, el tiempo invertido y mi trabajo fue pérdida de tiempo. Este fue mi primer caso de herencia, ahora les aseguro que no me vuelve a pasar. Todo por falta de experiencia, un contrato con debió tener mejores cláusulas para advertir al comprador y vendedor de este tipo de acción y la falta de ética profesional del comprador. Una experiencia que nunca olvidare.

¡El que espera, Desespera!

Perdí muchos casos tratando de realizar una venta difícil, por querer ganar una comisión. Me esforzaba pensando en el dinero que adquiriría y, al final -inesperadamente- se caía el cierre. Lo cierto es que no existe cosa tal como una situación inesperada, - ¡Colegas, cuando vean que un caso está siendo forzado desde el principio, no pierdan su tiempo!- Tan pronto tengan la oportunidad rompan ese compromiso; se lo agradecerán sus clientes después de molestarse con usted, con el comprador, con el banco y con todo aquel que estuvo relacionado. Es más fácil romper a tiempo que perder dos o tres meses de trabajo para luego pasar por la dolorosa situación de que No Hay

Cierre. Pasé por esta situación varias veces y, gracias a eso aprendía a usar mi intuición. ¡Si empieza mal, sabes con seguridad que terminara mal! Una vez tuve un caso que duro casi año y medio. El comprador me cancelaba el contrato y luego me lo opcionaba nuevamente, pero a menor precio. Pagaba la tasación para saber cuál era el valor y de ahí el volvía a ofertar. Estuvo en tres bancos diferentes, y uno allí ayudando, colaborando, "haciendo de tripas, corazones" mas el tiempo invertido. El cliente quiso nuevamente volver con el juego de cancelar el contrato para ofrecer un nuevo precio más bajo que la tasación. Lo llevé a otra institución financiera y, ya cuando este nuevamente - por tercera vez- estaba cualificado y listo para el cierre, me salió con que la economía estaba mala y que no tenía el dinero para los gastos de cierre. - ¡Eran mentiras! - el comprador estaba capacitado económicamente, un crédito excelente y con el dinero para cerrar según lo acordado, simplemente buscaba la manera de volver a bajarme el precio y él quería poner la cantidad de cierre que le correspondía pagar, no el banco. Como si el fuese dueño del banco para controlar los gastos de cierres. Como la cantidad de cierre no era lo que él quería pagar finalmente se canceló la venta, perdí un año y medio trabajando el caso, ayudando al comprador, ilusionando a mis vendedores, que eran todas personas mayores, para nada. En este caso se le retuvo el depósito, según lo acordado en el contrato. Para completar nunca dio completo el depósito porque firmó el contrato por el monto total de $20,000 y solo pagó $10,000 mil, con la escusa de que tenía una mercancía que venía de otro país y que no había cambiado el cheque. Al caballero se le informó que no se le devolvería el depósito pues él medio causa por no llevar a cabo la venta y la propiedad estuvo año y medio fuera del mercado. Al recibir la carta del abogado, que se le retuvo el depósito por parte de los dueños, según estipulado en el contrato y no pudo hacer nada. Para lograr esto deben estar bien documentados.

Hay que tener ojo de águila para uno prever estos casos y poderlos evitar; hay que estar bien pendiente al comprador y sus circunstancias personales. Si ven que van a tener que hacer mucho esfuerzo para que se pueda realizar una venta, busquen la forma de cancelar ese contrato; se ahorrarán tiempo, dinero y mal ratos. Siempre vendrá otro comprador que esté más capacitado y se dará la venta sin tanto esfuerzo ni dolores de cabeza. Eviten compradores con listerias. Recuerden que: "el que espera, desespera".

El Cuentista

En otro caso, un cliente me menciono a mitad de negociación que le ofrecían un trabajo de ensueño, demasiado lindo para ser real, y dejó su trabajo para esperar que le dieran el trabajo ofrecido. Nunca llegó la famosa y maravillosa oferta de empleo. El cliente llevaba ya casi para dos meses en los trámites de banco para la compra de la propiedad que vendía. Cuando el banco volvió a verificar el empleo, pasado mes y medio, se dan cuenta de que el hombre estaba desempleado, y se cayó el caso. El comprador quería que se le continuara el proceso y esperáramos tres meses reteniendo la propiedad en lo que él resolvía. Me pidió lo ayudara haciéndole cartas de referencia -ni que fuese yo maga, en vez de Realtor-. Este caso era imposible, no se podía lograr, había que ser realista. Finalmente, no se le acepto esperar los tres meses. No perderíamos más tiempo. No pueden esperar lo que no ha de llegar, se procedió a cancelar el contrato. Poniendo la propiedad a la venta nuevamente y finalmente la vendí sin tanto problema.

COLABORADOR DE ANECDOTAS...

Cuando algo no está para ti, no está

(Anécdota de Realtor, Félix G. Cotto Ramos, GRI, LTA, MBA, TRC, Realtor Lic. 9480)

Les cuento mi experiencia para mostrarles como, a veces, una propiedad puede estar destinada a que no sea usted, mi colega corredor de bienes raíces, quien esté destinado a ser el vendedor de dicha unidad. Ocurre que hace algún tiempo atrás, firmamos nuestro contrato de corretaje con el vendedor, nos documentamos, tomamos excelentes fotos, planificamos nuestra estrategia de mercadeo y comenzamos la gestión con mucho entusiasmo e ilusión. La propiedad consistía de una bonita finca de 5 cuerdas en un barrio del pueblo de Aguas Buenas, Puerto Rico. Para llegar a la casa, teníamos que cruzar por un pequeño y estrecho puente en cemento que pasaba por encima de una quebrada que discurría a través de la finca; por cierto, muy bonita. Hasta aquí, todo parecía un éxito para la venta. La habíamos cotizado bien, entendíamos que tenía un buen precio y la finca tenía presencia atractiva para los potenciales compradores.

Comenzamos a mostrarla, mostrarla y mostrarla. La principal observación de los clientes era que les gustaba, pero la encontraban muy campo adentro. Para llegar había que pasar por carreteras rurales secundarias, estrechas y de noche sin iluminación en los postes eléctricos; les significaba peligro. Por fin llegó un médico que se enamoró de ella. Él definitivamente era un hombre de campo, su esposa no me pareció lo mismo, pues llegó muy elegantemente vestida y en zapatos de tacos alto. Creo que, con el entusiasmo del doctor, el propietario y yo recorrimos como 3 cuerdas y media de las 5. Pensamos que la venta se realizaría. Uno o dos días posteriores a la demostración, y mientras esperábamos la oferta de compra, el Gobierno comenzó a publicitar en los medios de comunicación, que iban a investigar a los ciudadanos que tuviesen ingresos de sobre $100m dólares. ¿Saben qué? El Dr. se nos asustó y se retiró.

Seguimos mostrando y mostrando la propiedad. Llegaron estas 2 viejitas que se entusiasmaron con las fotos y descripción de la finca en nuestro portal de Internet y, luego, tuve la oportunidad vía telefónica, de inyectarles mayor interés y entusiasmo. Me dije -¡aquí se fue la finca!-. Lavé mi vehículo, brillé las gomas con "Armor All", lo puse bonito; me ofrecí a llevarlas para que no tuviesen que conducir y facilitarles la vida. Mientras les mostraba la finca llovió. Hasta nos disfrutamos la belleza de la lluvia en el campo. Cuando nos regresábamos volvimos a pasar el pequeño puente sobre la quebrada y al subir la cuesta cuando aceleré para subir, mi vehículo patinó y se atravesó en la estrecha cuesta, enfilando hacia la quebrada. Entre más trataba de enderezarla más patinaba. Así estuvimos un rato hasta que con paciencia y cuidado pudimos salir. Al mirar a las viejitas noté que se les habían caído hasta los moños del pelo, estaban pálidas ("jinchas") y súper asustadas. Resultado, se retiraron de la transacción después de tal hazaña.

Después de tal experiencia decidí investigar que causó las patinadas, fue el aceite que contenían las llantas; el brillo utilizado se desprendió de las gomas en medio de la lluvia y, al caer en contacto con la carretera mojada, ocasionó el incidente. (Aprendí la lección, ya no brillo las gomas antes de mostrar un lugar, por si acaso)

Pasaron varias semanas hasta que llegó otro cliente sumamente interesado. Por el entusiasmo mostrado pensé, nuevamente, que la finca se vendería. Las lluvias continuaron y, antes de mostrar la propiedad, el dueño me llamó para dejarme saber que una crecida del río se había llevado el puente que llevaba a la casa; el único acceso a la misma. ¡Colegas, les diré que entregué el contrato en su vencimiento y seguí caminando cantando La borinqueña! Esa propiedad, no era para que yo la vendiera.

Fe o Causalidades

(Anécdota de Realtor, Félix G. Cotto Ramos, GRI, LTA, MBA, TRC, Realtor Lic. 9480)

Dentro de las situaciones particulares que nos pasan a los corredores de bienes raíces (Realtors), le puedo contar sobre este caso particular, surgido en la compraventa de una residencia en un barrio del sector de Río Piedras. Imprevistos, tantos imprevistos que llegaron a preocuparnos y por los que nos preguntamos ¿qué otras situaciones podrían sucederse? ¿Estaría Dios dándonos un mensaje? Este fue un caso, que en definitiva, apoya la frase con que siempre abundo a mis clientes compradores y vendedores, al momento de formalizar la compraventa; -no podemos contar con nada, hasta el último "strike", del último "out"-.

Todo comenzó en la secuencia normal de entrega de documentos a un banco hipotecario, siendo un potencial financiamiento con la garantía de un programa federal de incentivos. Luego de 2 semanas de espera, vino a visitar la propiedad el inspector para asegurarse de que la misma cumplía con los parámetros del programa. Encontró que la descripción legal de la Escritura de Compraventa no tenía delineado o identificadas las colindancias, además encontró que había una casucha que tenía que ser destruida, para él dar conformidad. Esto resultó en una demora imprevista, en lo que se gestionó y contrató a un agrimensor. Una vez él preparó el plano de la agrimensura, lo entregó en una semana. La propia compradora interesada en agilizar el proceso y siendo vecina del sector, lo fue a recoger. Cuando lo iba a entregar, se murió su padre de forma imprevista, por razones obvias, pasó aproximadamente una semana a semana y media en entregarse el documento. Cuando finalmente lo fue a entregar, -¡sorpresa!- el inspector asignado se ausentó porque había fallecido su padre. El caballero se reportó a trabajar aproximadamente una semana y media después de la lamentable situación.

Cuando el inspector recibió el croquis y lo revisó encontró que, por error, el agrimensor había identificado incorrectamente el lote. Esto trajo otra demora en lo que el agrimensor lo corrigió y el Realtor lo fue a recoger a su oficina. Inmediatamente lo entregó a la compradora para que esta se lo volviera a llevar al inspector. Por las limitaciones y recientes despidos de la Ley 7 en Puerto Rico -ley que hasta el momento ha reducido la fuerza laboral por unas 30,000 personas-, ahora la agencia contaba con un solo inspector para toda el área metropolitana. Lo que ocasionó más demoras, esperando nuestro turno. Por fin pasamos esa dificultad, pero el inspector insistía en que no daría conformidad hasta que se destruyera y eliminara la casucha en bloque y techo de planchas de metal en el patio.

Al surgir esta situación el vendedor se negaba a destruirla hasta tanto él tuviese certeza de que había una aprobación del préstamo de compraventa en el banco. Tenía razón. Como este préstamo se trabaja en coordinación entre ambas instituciones, el banco y la agencia federal, la una para aprobar su participación, dependía de la pre-aprobación o cualificación de la otra. Aquí se volvió a aguantar el proceso, lo que nos hacía preguntarnos qué venía primero, el huevo o la gallina. La agencia del programa federal, no daba su consentimiento hasta tanto se destruyera la casucha y el oficial del banco se negaba a continuar con el proceso interno si no tenían certeza de la cantidad que aportaría el programa federal.

Estando nuestro cliente en el medio de ambas posiciones, (como el jamón del sándwich) y negándose a destruir la casucha hasta que supiera si el préstamo iba a ser aprobado y luego de múltiples visitas del Realtor como intermediario, logró que el banco accediera a enviar al tasador para darle movilidad al proceso. Ya logrado esto encontramos otro escollo, el oficial bancario tardó más de una semana y media en asignar a un tasador y éste llegar a la propiedad. (Ineficiencia y falta de seguimiento de la oficial).

¡Por fin, llegó la tasación! "Al Cesar lo que es del Cesar", la tasadora trabajó rápido y proveyó su informe en menos de una semana. La propiedad tasó $48m menos de lo negociado. Ella correctamente señaló que la casucha tenía que ser eliminada y que un árbol en el patio también tenía que ser fumigado más una certificación del tratamiento provisto. Desde el principio del proceso, el Realtor les había informado a los propietarios de la posibilidad del señalamiento el día que viniera el tasador. Los propietarios no le dieron mayor importancia hasta que por fin les fue señalado en el informe de tasación. Cuando el Realtor, fue a conversar con los vendedores lo indicado por la tasadora, la señora, quien es cristiana de la línea conservadora, comenzó a caer en duda de continuar con el proceso de compraventa. Alegaba que estos inconvenientes eran un mensaje del "Señor" diciéndole que no vendiera. Se podrán ustedes imaginar, con todo el respeto que merece la vendedora, esto me cayó como un vaso de agua fría. Su posición basada en su creencia religiosa nos preocupó; luego de tantos esfuerzos la transacción se tambaleaba.

Añadiéndole a la situación su planteamiento de que ellos habían comprado casas anteriormente y no les habían traído a su atención dichos requerimientos y lo del árbol de mangó con comején, se mantenían incólumes de continuar y de incurrir en gastos adicionales. Por más que el corredor le explicaba que los señalamientos eran el estándar para este tipo de transacción, ellos insistían en que en otras transacciones no les habían pedido los requisitos de la fumigación, agrimensura delineando las colindancias, eliminación de la casucha y tener calentador de agua. Evidentemente estaban incorrectos en su apreciación, pero se negaban a llamar a cualquier otro banco o compañía de tasadores independientes, para corroborar lo señalado. Conversamos con los compradores y "Gloria a Dios", estaban tan interesados en la propiedad que ellos correrían con los gastos de lo que había que corregir. Una vez pasamos estos escollos, la inspección y fumigación al árbol no se habían podido hacer porque llevábamos más de una semana de continuas lluvias. Las más intensas en los últimos años en Puerto Rico. Mientras tanto, el préstamo en el banco se atrasaba porque le robaron el carro al comprador y para que el banco no les considerara la deuda, había que esperar el proceso de cancelación interna de la deuda en el banco. Aún así, continuamos trabajando el caso. ¿Qué les parece mis amigos lectores? Se pregunta uno, será un mensaje de Dios o parte de un proceso normal. No obstante, con perseverancia y el favor de Dios, llevamos esta transacción a su feliz conclusión.

¡Respeta tu profesión, así como te respetas a ti mismo!

Comentarios de la Autora

Quiero agradecer la colaboración de mi colega y gran amigo, Félix Cotto, quien me permitió compartir unas pocas de sus miles anécdotas para que disfrutáramos parte de la experiencia que día a día vivimos. Así como estas anécdotas, hay muchas más, pero serían tantas que llenaría este libro y no tendría para escribir otro segundo, solo de anécdotas. Espero que haya sido de gran ayuda y orientación para aquellos que están en la profesión o para los que están por comenzar esta profesión tan extensa. Muchos han tenido la curiosidad en conocer un poco más de mi vida y las experiencias vividas durante mi trayectoria como Realtor, he aquí mi libro. Lo que ya compraron el libro recomiéndelo por estas vivencias son experiencias que ayudaran a orientar a otros. Estas son algunas de las muchas experiencias que nosotros, los Realtor, pasamos y de las cuales aprendemos.

¡Espero lo hayan disfrutado!

Made in United States
Troutdale, OR
11/03/2026

56845123R00142